心理尺度のつくり方

村上宣寛 著

北大路書房

まえがき

　心理尺度は花盛りである。心理学の論文を見ると，過半数は何らかの心理尺度を使っている。調査的研究では当然のように何種類もの心理尺度が用いられる。実験的研究でも心理尺度は実験条件への割り当てなどに利用される。大部分は新規開発である。既存の尺度では，研究目的に適合しないとか，研究の新奇性を訴えることができないとか，さまざまな理由がある。その結果，心理尺度は毎年増え続け，山のように積もり，氾濫状態となった。妥当性の高い，立派な心理尺度が続々と開発されているのであればよいが，残念ながら，手放しで喜べる状況ではない。

　心理尺度の一般的な開発法を見ると，測定対象に関する質問項目を多数集めて，項目の整理を行なって因子分析して，α係数等を検討して終了という場合が多い。その後，妥当性の検討と称して，分散分析や各種の検定法を利用して，尺度得点が予想通りの方向であると報告できれば，すべてめでたしである。こんなことで妥当性の高い，効果的な心理尺度が開発できるのだろうか。

　心理尺度の開発法としては，因子分析的方法以外に，基準関連的方法や論理的方法がある。基準関連的方法は，一定の項目群を基準群と統制群に実施して，2つの群で回答パタンの異なる項目を統計的に抽出して尺度化する方法である。また，論理的方法は，特定の理論的な構成概念を論理的に分析し，関連した事柄を質問の形式に書き出すことから出発する方法である。ところが，大部分の研究者は，このようなことをほとんど意識していないし，そのためか，作成例も少ない。なぜかといえば，日本には心理尺度の作成法に関する専門書が存在しないからである。

　妥当性概念についても，日本の心理学者の間で，誤解が常態化してしまった。研究論文に構成概念妥当性や因子的妥当性という用語が頻繁に現われるが，研究者も査読委員も妥当性概念を正確に理解していないように思われる。妥当性概念を正確に理解していないのだから，必然的に研究者の妥当性の検証法は不完全で，間違っている場合が多い。構成概念妥当性は基準関連妥当性や内容的妥当性など，すべての妥当性を含む上位概念である。したがって，基準関連妥当性が不明で，構成概念妥当性が高い心理尺度など，存在するはずがない。なぜ，外部基準との相関を報告しないのか。

　アメリカのアセスメント関係の専門書は一般的に分厚くて充実している。構成は決まっていて，第一部は，テストの歴史や意義，信頼性，妥当性，統計的取り扱い，第二部は各種の知能テスト，第三部は各種の性格テスト，第四部はテストの倫理や社会的影響，である。1つひとつのテストの紹介はテスト・マニュアルよりも詳細，かつ，批判的で，専門書なみの分量がある。

　ところが，日本にはこのようなアセスメントの専門書がほとんどない。アセスメントハンドブックと称する分厚い本があっても，各テストの紹介は表面的で，掘り下げられてい

ない。そこで，重要なテストには十分なページを割り当て，必要でないテストは無視するという方針で執筆したのが，村上千恵子との共著の『臨床心理アセスメントハンドブック』(2004年，北大路書房)である。アメリカとのギャップは少し埋めたと思うが，ページ数の関係で省略したのが，尺度開発のセクションである。

　本書は，この尺度開発の方法論の部分を独立させたものである。本書は，歴史的方法，統計的基礎，信頼性，妥当性，尺度開発法，尺度開発の実際という構成にした。まず良い心理尺度とはどのようなものか，歴史的な観点から，基本的な方法論を吟味した。そして，心理尺度の開発には統計的な取り扱いが不可欠であるので，入門的な内容を解説した。続く，信頼性や妥当性概念は，尺度開発に不可欠な知識である。基本的な部分はアメリカ心理学会にならった。尺度開発法は心理尺度の開発の現実のルーチンで，ここで項目の執筆，項目分析等，各種の技術的な方法を，基準関連妥当性を重視するという基本的な枠組みのもとで記述した。最後の尺度開発の実際は，筆者が直接的，間接的に関わった心理尺度の開発の実際例である。

　測定は科学の最初である。測定値があって初めて予測やモデル構成が可能になる。心理学も科学である限り，被検者の主観的判断を心理尺度で数値化し，データに変換し，批判的吟味の対象にしなければならない。心理尺度は，この変換作業を行なう装置である。心理尺度は科学的心理学の第一歩であり，その作成法によっては，それ以降の研究を台無しにしかねない。本書がよりよい心理尺度の開発に寄与し，ひいては心理学の発展に役立つことを期待したい。

2006年6月　　村上　宣寛

目　次

まえがき

第1章　歴史的方法 ……………… 1

1．よい心理テストとは　*1*
2．なぜ複数の質問を使うか　*2*
3．知能尺度の開発　*3*
4．初期の質問紙　*4*
　　1）論理的方法による質問紙　*4*
　　2）内的整合性の分析による質問紙　*5*
　　3）経験的データからの批判　*6*
　　4）経験的方法による質問紙　*7*
5．質問紙の作成法　*8*
　　1）論理的方法　*8*
　　2）因子分析的方法　*9*
　　3）基準関連的方法　*11*

第2章　統計的基礎 ……………… 12

1．測定水準　*12*
2．基礎統計　*13*
　　1）データ行列　*13*
　　2）データ入力　*13*
　　3）度数分布　*15*
　　4）代表値　*16*
　　5）散布度　*17*
3．標準化　*20*
　　1）正規分布　*20*
　　2）標準得点　*21*
4．相関係数　*22*
　　1）相関係数の定義　*22*
　　2）相関係数の計算　*23*
　　3）分析例　*23*
　　4）母相関係数　*24*
　　5）利用上の注意　*25*
5．回帰分析　*28*
　　1）単回帰分析　*28*

2）重回帰分析　*30*
　　3）分析例　*30*

第3章　信頼性 …………………………… 33

1．信頼性とは　*33*
2．信頼性係数の定義　*34*
3．信頼性係数の推定法　*35*
　1）テストを2回実施する場合　*35*
　2）テストを1回実施する場合　*36*
　3）信頼性係数の大きさ　*38*
　4）希薄化の修正　*40*
4．合成得点の信頼性　*41*
5．和得点　*41*
6．差得点　*42*
7．標準誤差　*44*
8．差得点の標準誤差　*45*
9．信頼性と妥当性の関係　*46*
10．一般化可能性理論における信頼性　*48*
11．項目反応理論における信頼性　*49*

第4章　妥当性 …………………………… 51

1．妥当性とは　*51*
2．歴史的推移　*52*
3．古典的概念の再検討　*53*
　1）基準関連妥当性　*53*
　2）内容的妥当性　*54*
　3）構成概念妥当性　*55*
4．妥当性概念の整理　*56*
5．偽の妥当性　*58*
6．妥当性係数の意味　*58*
7．妥当性係数と選抜　*59*

第5章　尺度開発法 ……………………… 63

1．基本原則　*63*
2．フローチャート　*64*
3．構成概念の検討　*65*
4．項目の収集・執筆　*65*

1）回答形式　*67*
5．試作版の実施　*68*
　1）被検者　*68*
　2）反応歪曲　*69*
　3）項目困難度（是認率）　*71*
6．項目分析　*71*
　1）G-P分析　*73*
　2）因子分析的方法　*73*
　3）基準関連的方法　*74*
　4）弁別力の指標　*74*
　5）相関分析による方法　*77*
7．因子分析法　*78*
　1）基本モデル　*79*
　2）分析例　*79*
　3）因子数の決定法　*80*
　4）利用上の注意　*81*
8．項目反応理論　*83*
　1）基本モデル　*83*
　2）分析例　*85*
　3）利用上の注意　*86*
9．予備尺度の作成と信頼性係数の算出　*88*
10．素点と妥当性係数の算出　*90*
11．尺度開発後　*90*
　1）標本抽出法　*92*
　2）Z得点による標準化　*94*
　3）正規化T得点　*95*
　4）ロジット標準点　*96*
　5）論文，解説書の執筆　*97*

第6章　尺度開発の実際　　**98**

1．作成現場から　*98*
2．主要5因子性格検査（BigFive）　*99*
　1）製作　*100*
　2）追加尺度と標準化　*102*
　3）信頼性　*102*
　4）妥当性　*103*
　5）ビッグファイブの名称　*104*

6）ビッグファイブは普遍的か　*105*
　3．問題攻撃性尺度　*106*
　　　1）製作　*107*
　　　2）信頼性　*110*
　　　3）妥当性　*110*
　　　4）項目反応理論　*110*
　　　5）教育的介入　*110*
　　　6）まとめ　*111*
　4．小学生用主要5因子性格検査(LittleBigFive)　*111*
　　　1）製作　*112*
　　　2）信頼性　*114*
　　　3）妥当性　*114*
　　　4）性格と攻撃性の関係　*114*
　　　5）まとめ　*115*
　5．改訂対人ストレスイベント尺度　*115*
　　　1）対人ストレスイベント尺度　*116*
　　　2）改訂版の作成　*117*
　　　3）コーピングは有効か　*118*
　6．自己愛傾向尺度　*119*
　　　1）DSM–Ⅳ–TRから　*119*
　　　2）製作　*120*
　　　3）ゾンビは死なない　*123*
　7．自然体験活動尺度　*124*
　　　1）製作　*125*
　　　2）影響力の方向　*127*
　　　3）生きる力は　*127*

引用文献　*129*
付録A　ソフトウェア　*135*
付録B　主要5因子性格検査　*139*
付録C　小学生用主要5因子性格検査(第二版)　*143*
索　引　*147*

第1章　歴史的方法

1．よい心理テストとは

　人間の意識や行動を調べるにはさまざまな方法があり，そのなかでもよく使われるのが心理テストである。心理テストは，一般的に複数の質問から構成されていて，心理学的な構成概念，例えば，性格，感情状態，対人関係，適応状態等を客観的な数値で表わすものである。正しさがよく確認された客観的指標があれば，さまざまな応用研究が可能である。例えば，ストレス状態を正しく測定できれば，その状態にふさわしい対処法を提案できるだろう。また，治療効果を確認するにも客観的指標が不可欠である。

　よい心理テストとはどのようなものか。心理テストは妥当性と信頼性という観点から評価される。簡単に表現すると，妥当性とは測定値の正しさであり，信頼性とは測定値の安定性である。そして妥当性と信頼性には数学的関係があり，信頼性が低ければ妥当性も低い。妥当性が高ければ，信頼性は必ず高い。

　つまり，よい心理テストは妥当性が高い。必然的に信頼性も高い。もう1つ要件をつけ加えると効率性がある。同じ対象を測定するのなら，短時間で能率的に測定できる尺度のほうが望ましい。したがって，よい心理テストの条件は，妥当性，信頼性，効率性がすべて高いことである。

　心理テストを作成する場合，信頼性係数の報告は不可欠である。信頼性係数は，測定値の安定性の指標であり，これが0.8以上あることが望ましい。古典的テスト理論によると，これは真値の分散の割合を示す。0.8であれば，真値の分散は80％，誤差分散が20％と解釈される。

　一方，妥当性係数はあまり報告されていない。ある心理テストを適用して，高得点群と低得点群に何らかの有意差があったという程度の報告しかない場合が多い。しかし，妥当性係数は，測定値が測定対象をどの程度正しく測定しているかを表わす指標である。心理テストには常に大きな誤差を伴うので妥当性係数は一般的に低い値になるが，心理テストの開発者は定量的に報告すべきであろう。

　心理テストが当てにならないという批判も多い。そのため，性格心理学の領域では性格の状況論という理論まで提案された。これは心理テストの妥当性の低さを批判した理論と解釈することもできる。特定の心理学的構成概念に内容が該当する質問項目を集めれば，よい心理テストができると単純に考える研究者が多いためである。

　心理テストの代わりに，生理学的指標を使えば客観的で，科学的な研究ができると考える研究者も多い。例えば，ストレスの測定で生理学的指標が用いられる。しかし，指標の

信頼性は高くないし，敏感でもない。生理学的変化が現われる前に重大な心理学的変化が訪れるのが普通である。一般的に，心理テストによる測定は指標として敏感で有用である。

また，客観的な指標がすべて科学的であるとは限らない。例えば，骨相学では骨の形状の測定は客観的に行なえたが，形状は環境要因で変化しやすく，心理的な要因との対応づけに根拠はなかった。血液型人間学も同様であり，血液型という要因は客観的に規定できるが，心理的要因との対応づけは任意にすぎない。

妥当性の高い心理テストを用いれば，心理学，社会学，社会福祉学，保健医学，精神医学，産業医学，人間工学等，さまざまな分野で応用研究が可能である。一方，用いられた心理テストの妥当性が低ければ，あらゆる応用研究が無に帰してしまう。不安定で，間違いの多い測定データを利用するのは，労力と時間の無駄遣いにすぎない。

心理学領域でも多くの心理テストが次々に開発されてはいるが，妥当性が高く使用に耐える尺度は少ない。それは大学院生等が尺度開発の方法論を十分勉強しないでとりかかり，応用研究を急ぐからである。それでは，妥当性の高い心理テストはどうすれば開発できるのだろうか。

2．なぜ複数の質問を使うか

外向性次元を測定する場合，「あなたの外向性の程度を評価してください」として，100点満点の何点であるか回答してもらったり，評定尺度を用いて段階評定して回答を得ることが可能である。社会調査のように，質問項目数を極端に減らす場合には使用されることがある。しかし，このような単純な方法では外向性の程度を正しく測定できない。

「外向性」という言葉の意味について，被検者の間に共通の理解があるだろうか。質問に回答するとき，単に外出するのが好きであれば「外向性の程度が高い」と回答するかもしれない。また，友人と密接なつきあいをしている人も「外向性の程度が高い」と回答するかもしれない。

外向性次元と外出の頻度は相関があるかもしれないが，被検者は外向性に関する行動目録のごく一部に回答したにすぎない。外出は好きだが，社交性は低いかもしれない。おしゃべりでもないかもしれない。友人と密接なつきあいをしている人も，親しくない人とは交際が苦手かもしれない。そのような場合，社交的が高いとはいえない。まして，外向性次元で高得点と評価されるとは限らない。

抽象的な「外向性」という心理学的構成概念を下位の具体的な多くの側面に分解し，それぞれを測定して総和を求めたほうが結果が安定する。各質問項目に対する回答は確率的事象とみなすべきで，個々の回答内容は問題にしない。このような考え方で心理尺度が構成されている。

また，質問項目が1つしかないと，被検者の回答時の気分で結果が左右されてしまい，

その変動が測定結果に直接現われる。スピアマン-ブラウンの修正公式(p.36参照)で明らかなように，項目数が多いほうが信頼性は高くなる。測定値の信頼性を確保するには，質問項目は10個程度は必要であろう。信頼性が確保されなければ妥当性も保証されない。つまり，複数の質問項目を集めて心理尺度を構成するのは，信頼性と妥当性を確保するためである。

3．知能尺度の開発

知能検査の歴史は古く，19世紀のヴント(Wundt, W., 1832-1920)やゴールトン(Galton, F., 1822-1911)，キャテル(Cattell, J. M., 1860-1944)は，知能が反応時間や知覚能力で測定できると考えて，一連の精神検査(mental test)を考案したが，大学生の成績とはほとんど何の関係もなかった。この時代は真鍮装置(brass instrument)の時代と呼ばれている。また，サーストン(Thurstone, L. L., 1887-1955)やギルファド(Guilford, J. P., 1897-1987)らの知能因子理論に基づく知能検査も普及しなかった。知能の現代的理論も有用な知能検査を生み出してはいない。

一方，精神遅滞児と普通児の分類という実用的な観点から，1905年にビネ-シモン検査が成立した。この検査は改訂され続け，今日でもビネ式知能検査として使用されている。同様に陸軍αとβ検査も第一次世界大戦で効率的な人員配置のために開発された。これらの検査を参考にして，1939年にウェクスラ知能検査が成立し，やはり改訂され続け，臨床的に最も重要な知能検査となった。

ウェクスラはどのようにして歴史に残る知能検査を作成したのだろうか。じつは，ウェクスラはほとんどテスト問題を作らなかった。ウェクスラ-ベルビュー尺度の起源についてグレゴリ(Gregory, 1992)は，

> 事実，彼の尺度の内容は，ビネ尺度や陸軍αとβ検査のような初期の成果を大部分参考にしたものだ。第一次世界大戦直後のヤーキス編「アメリカ陸軍における心理学的検査」(1921年)という本を通読すれば，ウェクスラがこの本から何ダースものテスト問題を剽窃したのに気がついて，びっくりしてしまうだろう。多くのテスト問題は現在のウェクスラ尺度の改訂版まで生き延びている。

と述べている。

ウェクスラ(Wechsler, 1958/1972)によると，ビネの年齢尺度の蝶結びとか菱形の模写のようなテスト項目は適応範囲が限られていて，課題がより複雑になると，測られる能力のタイプが異なってくる。例えば，数唱では6〜7個の場合は全体的な知能とよく相関するが，それ以上の個数になると純粋の機械的記憶になるという。ウェクスラは複雑なテスト

項目を避けて，全体的な知能と相関する，単純で解釈しやすいテスト項目を選んだ。

まず，彼は既存の標準的なテストについての注意深い分析を行ない，測定内容についての著者の意見，標準化された母集団の特徴，テストの信頼性の証拠に注意を払って研究した。次に，著名な心理テストや経験的な知能評定(教師の評価，将校の評定，管理職の評定)との相関をもとにして各テスト項目を評価した。そして，他の人々の臨床的経験を参考にしつつ，見込みのあるテスト項目を実施し，実際に弁別力を確認した。

ウェクスラは知能検査を知能理論に基づいて作成したのではない。彼は過去のテスト問題を収集し，個々のテスト項目の信頼性，併存的妥当性や予測的妥当性の証拠などを調べ，予備的なテスト項目を採用し，実際に調査を行なって弁別力のないテスト項目を省いた。このように，ウェクスラ-ベルビュー尺度は，かなり経験的な方法でテスト項目が選択され，改訂されつつ，現代にいたった。

ウェクスラはなぜこのようなことをしたのだろうか。当時，スピアマン(Spearman, C. E.)とソーンダイク(Thorndike, E. L.)の激しい論争があった。スピアマンは知能は一般知能と特殊知能の2因子で構成されるという数学モデルを提案していた。一方，ソーンダイクは知能はシンボル操作に関係する抽象的・言語的知能，対象を操作する実際的・機械的知能，対人関係に関わる社会的知能の3つの成分から構成されるとした。論争は何年も続き，決着はつかなかった。ウェクスラは両者の間を揺れ動き，結局，折衷的な立場で，知能検査を作成せざるを得なかった(Tulsky et al., 2003)。

ウェクスラは，理論主導でテスト項目を作成しなかった。彼は，既存のテスト項目を信頼性や基準関連妥当性の証拠をもとに選択し，それらを実際に相当数の被検者に実施して，その妥当性や弁別力を確認した。その結果，ウェクスラ-ベルビュー尺度は当時としては非常に優秀な知能検査となった。妥当性の高い知能尺度を構成するには，妥当性の高いテスト項目を集めるほかに方法はない。ウェクスラの知能検査が半世紀もの時間を生き延びたのは，この単純な事柄に，彼が多大な労力を費やしたからである。

4．初期の質問紙

1）論理的方法による質問紙

質問紙の歴史も古い。最初の目的は神経症や精神病の患者を効率的に識別することだった。本格的に広く使われた最初の質問紙は，ウッドワース(Woodworth, R. S.)らが1918年に開発した個人データシート(Personal Data Sheet)で，アメリカ陸軍で戦闘中にノイローゼになってしまう新兵を弁別することが目的であった。

個人データシートは，精神科医が面接で行なう200の質問を116項目に整理したもので，身体症状，異常な恐怖と心労，社会環境への適応，不幸，強迫観念，衝動，けいれん，悪

夢，白日夢などの感情や行動に関する質問から構成されていた。精神科医が行なう問診を紙に置き換えたものであった。

質問の例をあげておこう(Aiken, 1996)。

・ほとんどいつでも悲しく，気分がすぐれませんか？
・夜中にしばしばひどくおびえることがありますか？
・しばらくの間，記憶を失ったことがありますか？
・いつも友だちが簡単にできますか？
・子どもの頃，幸せでしたか？

採点は「神経症者の回答」方向の回答を合計するもので，合計得点が「神経症傾向」の大きさを表わす。「神経症者の回答」は精神科医が質問の内容を論理的に考えて判断したもので，内容的妥当性があると考えられた。現在では，論理的方法による質問紙に分類できる。

個人データシートがスクリーニング用として成功を収めた結果，類似の質問紙が続々と誕生した。ウッドワースらの個人データシートは「神経症傾向」という特性を一次元的に測定したが，レヤド(Laird, 1927)によるコルゲイト精神衛生テストは個人データシートを改良し，当時の診断カテゴリーごとに質問項目を分類したものであった。精神病質で32項目，分裂病質で14項目，神経病質で22項目，ヒステリー質で7項目，内向性で53項目の，計128項目の質問紙であった。200名以上の被検者集団で得点分布も確認した。

2）内的整合性の分析による質問紙

サーストン夫妻(Thurstone & Thurstone, 1930)の神経症検査(Neurotic Inventory)は，先行研究から600項目を超える質問を集積し，223項目に整理した本格的な質問紙であった。サーストンらはシカゴ大学の学生694名に実施して，高得点者と低得点者を50名ずつ選び，各項目ごとの応答を比較し，G-P分析(Good-Poor Analysis)を行なった。弁別力の優れた42項目には，

・人前であがりますか？
・知らない人と話しはじめるのは苦手ですか？
・アイデアがどんどん湧いてきて眠れないことがよくありますか？
・通りで誰かに見られているという考えに悩まされますか？
・いろいろな事柄で神経質ですか？

などがあった。サーストンらは神経症検査を42項目の短縮版とはせず，223項目の質問紙として使用した。信頼性係数は折半法で0.946と十分な大きさで，個人データシートより

診断力のある検査であった。しかし、項目数が多すぎたためか、広く使われなかった。サーストンらの神経症検査は合計得点の情報を利用し、高得点者と低得点者を弁別する項目を残したものである。項目分析の技法を用いた最初の質問紙であろう。

バーンロイタ(Bernreuter, 1933)は、サーストンやレアドの質問紙から項目を収集した。サーストンの信頼性研究によれば、0.85程度の信頼性係数を得るには100項目以上が必要であった。それで、バーンロイタは100項目以上を目標とし、結果的に「性格検査」は125項目となった。

バーンロイタの質問紙は、各項目はさまざまな性格特性に関係すると考え、項目の採点の重みづけを0～7まで変更しながら、神経症的傾向、自己充足性、内向性、支配性の4つの性格特性が測定できるとした。総被検者数は1,618名(男性793名・女性825名)と大規模なデータ収集を行なった。重みづけ採点の結果、信頼性係数は全体では0.92と十分な値で、各尺度でも0.8～0.9であった。

3) 経験的データからの批判

バーンロイタの質問紙は、各特性の測定項目が重複していて、重みづけを変えて採点するので、4つの測定値間には強い相関があった。さらに重大な欠点は、正常者の多くが神経症者と想定された方向で回答したことであった。ランディスとカッツ(Landis & Katz, 1934)による手厳しい批判は決定的であった。バーンロイタ性格検査を224名の精神病、神経症患者に実施し、弁別力を調べたところ、次のようなことが明らかになった。

① 精神病と精神神経症の患者224名のうち、たった56名(25％)が90パーセンタイル順位以上の高得点であった。一方、22名(10％)は10パーセンタイル順位以下の低得点であった。
② 早発性痴呆(精神分裂病)の患者の23％だけが90パーセンタイル順位以上の高得点であった。一方、6％は10パーセンタイル順位以下の低得点であった。
③ 躁うつ病や躁病患者で80パーセンタイル順位以上の高得点をとった者はいなかった。そして、14％は10パーセンタイル順位以下の低得点であった。躁うつ病やうつ病患者では21％が90パーセンタイル以上の高得点であった。そして、11％は10パーセンタイル順位以下の低得点であった。
④ 精神神経症患者の39％は90パーセンタイル順位以上の高得点であった。そして、3％は10パーセンタイル順位以下の低得点であった。

バーンロイタ性格検査は、現実にはあまりにも弁別力が乏しかった。なぜ、このような結果になったのか。彼らは個々の質問項目に対する応答も分析している。結果を表1.1に示しておく。精神科医が「分裂病質」と考えた質問に対して「はい」と回答したのは、正常者で最も多く、精神分裂病や躁うつ病の患者では少なかった。これは精神障害者は正常

表1.1　正常者，精神分裂病患者，躁うつ病患者の「はい」の割合(%)
(Landis & Katz, 1934)

「分裂病質的」な質問	正常者	精神分裂病患者	躁うつ病患者
他人に批判的です	69	39	29
他人の行動に影響を与えるのは可能だと思います。	58	39	34
いつも自分の考えで頭が一杯です。	84	70	65
機転が利きません。	47	33	29
よく白日夢にふけります。	43	31	25
人間はほとんど信用できない。	35	22	20
決心するのはむずかしい。	48	34	32
劣等感があります。	48	36	35

者と違って自分の異常性に鈍感で，病識がないからである。

　結局，ランディスとカッツは，精神の異常性を表わす質問項目を集めて，論理的方法や項目分析的方法で分析して質問紙を作成しても，現実には十分に機能しないことを明らかにした。

4）経験的方法による質問紙

　1940年代は精神障害の診断基準も診断用のツールもない，混沌とした状況であった。ハサウェイとマキンリ(Hathaway & McKinley, 1940)は，ウッドワースやバーンロイタの尺度類を多く試したが，いずれも使い物にならなかった。マキンリはマイヤー学派の意欲的な精神科医で，当時学科長を務めていた。一方，ハサウェイは神経解剖学，統計学，電気技術等の分野に多才ぶりを発揮していた若い心理学者であった。彼は徹底的な現実主義者で，理論に深い不信感を持っていた。当時，ストロング(Strong, E. K., 1884–1963)の職業興味テストが経験的方法で開発され成功を収めたので，その尺度開発の方法論を採用することにした。

　基準群と統制群を比較して両群を弁別する項目を残せば，項目レベルから弁別力が保証される。疾病論等，理論的な問題を検討する必要がない。彼らは基準群として比較的単純な精神障害者を集め，統制群としてミネソタ大学病院で待合室にいた人たちにボランティアとして参加してもらった。そして，両群に質問紙を実施して，回答傾向にはっきりとした差がある項目を残して暫定尺度を構成した。暫定尺度は統計的方法でさらに吟味し，交差妥当性の検討を行なって最終的な尺度を作成した。

　彼らは臨床経験を基にして質問項目を作成したが，大部分は精神医学のさまざまな問診法のマニュアル，精神医学の教科書，医学や神経学で事例を取り上げるときの心得，個人的・社会的態度の測定尺度などから質問項目を収集した。当初は1,000項目以上に上ったが，重要でない質問や重複した質問を削除し，最終的に504項目となった。

心気症尺度を作成する場合，基準群は医師によって集中的に検査された，純粋で単純な心気症患者50名であった。統制群は患者の見舞いや付き添いにきた正常者262名（既婚者）と，ミネソタ大学の新入生265名であった。各被検者集団に504項目の質問紙を実施し，応答率の差が標準偏差の2倍以上の場合の項目を採用して55項目の暫定尺度Hが構成された。その後，心気症患者50名と，心気症の症状がまったくない入院患者50名の応答を比較して48項目のH尺度の修正尺度C_Hを作成し，H-C_H得点で心気症患者がよく分離できることがわかった。詳しい経過は明らかでないが，これらの尺度は1944年に改定され，33項目のHs（心気症）尺度が完成した。

ミネソタ多面人格目録（Minnesota Multiphasic Personality Inventory：MMPI）は1942年に公刊されたが，試行錯誤的に臨床的適用を行ないつつ妥当性を確認し，尺度が改訂されていった。D（抑うつ），Pt（精神衰弱），Hy（転換ヒステリー），Pd（精神病質的逸脱），Ma（軽躁病），Mf（男性性－女性性），Pa（妄想症），Sc（精神分裂病）の尺度が作成された。ドレイク（Drake, 1946）によるSi（社会的内向性）は1951年に追加された。

MMPIは反応歪曲を検出する尺度が組み込まれた最初の質問紙であった。L（虚言）はハートショーンとメイ（Hartshorne & May, 1928）によって開発されたが，F（頻度）は正常な被検者が10％以下しか回答しない項目を集めたものであり，K（修正）は「良いふり」や「悪いふり」をして回答させた結果を比較したり，正常なのに異常にみえるMMPI記録と，異常なのに正常にみえるMMPI記録とを比較して作成した（Meehl & Hathaway, 1946）。

最終的にはMMPIは550項目となった。ただ1950年代から採点がコンピュータ化され，当時のコンピュータは記憶容量が少なかったため，得点算出の便宜上，16項目を重複して実施するようになり，実質的に566項目となった。アメリカではベン・ポーラスらのMMPI-3（MMPI-2-RF改訂版）が出版されたところである。

5．質問紙の作成法

現在，尺度を作成するアプローチとしては，論理的方法，因子分析的方法，基準関連的方法の3つがある。しかし，単一の方法のみに基づく質問紙は例外で，さまざまな方法を同時に適用して作成するのが普通である。エイキン（Aiken, 1996）は，論理的方法と因子分析的方法を1つのカテゴリーにまとめたが，ここでは3つの方法を基本的方法としておく。

1）論理的方法

測定対象を論理的に吟味して質問項目を集める方法である。その対象は特定の理論的な構成概念であったり，精神疾患という診断概念であることもある。質問紙の作成は，論理的に対象を分析し，関連した事柄を質問の形式に書き出すことから出発する。質問項目は論理的，演繹的，常識的に対象に関係した内容となる。その後に質問項目を統計的に分析

し整理するという手続きを加えることが多い。この方法によって作成された質問紙を論理的質問紙と呼ぶ。

論理的質問紙は妥当性が低いことが多い。ランディスとカッツによるバーンロイタ性格検査の批判を思い起こしてほしい。このタイプの質問紙は，基本的に専門家の判断による内容適切性に重点を置いた方法で開発される。ところが被検者は専門家が予想した方向で回答するという保証はない。項目を収集するとき，何らかの経験データで妥当性を確認すべきである。ところが，作成途上で，そのような確認作業をする例は少ない。論理的質問紙は専門家にはわかりやすいが，成功例はかなり少ない。

論理的質問紙の代表的なものとして，EPPS性格検査（Edwards Personal Preference Schedule : EPPS）やベック抑うつ質問票（Beck Depression Scale : BDI-Ⅱ）がある。EPPSはマレー（Murray, 1938/1952）の欲求理論に基づき15の個人的欲求や嗜好が測定できるという。しかし，基準関連的な妥当性の証拠はほとんどなく，現在，ほとんど使われなくなった。

例外的な成功例はBDI-Ⅱであろう。BDI-Ⅱは抑うつの症状の評価に広く使われ，精神科医の判定との相関など，妥当性も証明されている。初版のBDIはベックとワードら（Beck & Ward et al., 1961）によって，抑うつ症状をしばしば訴える患者とそうでない患者の観察に基づいて代表的な症状や態度を記述する21項目から構成された。いく度かの修正の後，1979年にベックとラシュら（Beck & Rush et al., 1979）によってBDI-Aとして出版された。

1994年に「精神疾患の診断・統計マニュアル第4版」（DSM-Ⅳ）が出版されると，これらの診断基準に沿った抑うつの指標が必要とされた。BDI-Aに含まれていた身体イメージの変化，体重減少，身体的なとらわれに関する項目は役に立たなくなった。BDI-Ⅱではこれらの項目を削除し，ほとんどの選択枝の文章表現に変更が加えられた。睡眠時間や食欲は増加する場合と減少する場合があり，これらの見出しでは選択枝が7つとなった。

BDIの改訂の歴史をみると，純粋な論理的方法ではなく，経験的に弁別力のある項目を残していることがわかる。うつ患者は洞察力に恵まれ，正直で協力的である。論理的方法でも，うつ尺度などは成功しやすい。ただし，重症のうつ病患者は，洞察力が損なわれるのか，被罰感，自殺念慮，激越，性欲減退の項目で，軽症のうつ病患者よりも低得点の選択肢を選ぶ可能性が指摘されている（Dozois & Covin, 2004）。

2）因子分析的方法

因子分析法を利用して質問項目を整理する方法である。クラスター分析等も含めてよい。現在ではサーストン（Thurston, 1934）が開発した因子分析法が，知能や性格分野における標準的な分析手段として広く使われるようになった。この方法に基づく質問紙を因子分析的質問紙と呼ぶ。

因子分析法を適用すれば，性格検査のような多次元的な尺度を一度に開発できる。各尺

度の一次元性は確認できるし，1つの因子には内容的に類似した項目が集まる．そのため，尺度の内的整合性が高くなるので，信頼性も高くなる．ただし，因子分析的質問紙は，基本的に内容的妥当性を高める方法で構成されるため，行動の予測や外部基準との関連性が乏しいことが多い．個々の質問項目と外部基準の関連性を問題にせずに開発するため，当然の帰結である．

因子分析法的質問紙の代表的なものとして，16PF人格検査(Sixteen Personality Factor Questionnaire : 16PF)，モーズレイ性格検査(Maudsley Personality Inventory : MPI)，主要5因子性格検査(Big Five Personality Inventory : BigFive)等がある．性格分野での因子分析的質問紙は基本的に特性論に基づいている．

例えば，16PF人格検査はキャテルが1940年代から性格特性用語を因子分析法で整理する研究から生まれ，改訂されつづけ，今日にいたった．キャテルは斜交因子解を好み，質問紙法の場合は16の性格特性があると考えた．一方，MPIはアイゼンクの人格理論に基づき外向性と神経症傾向という2つの性格特性を測定する．MPIも改訂されつづけ，現在では精神病傾向の特性を追加したEPQR(Eysenk Personality Questionnaire Revised)となった．

キャテルのデータの再分析や性格特性用語の因子分析的研究によると，直交5因子解で十分であることが明らかになった．最近では基本的な性格特性は5つであるというビッグファイブ仮説が世界的に認められるようになった．BigFiveはこの仮説に基づいた質問紙である．開発は因子分析的方法を主としたが，チェックリストの自己評定値との相関も加味しながら項目選択を行なった．信頼性も高く，最もよく妥当性が検討された性格検査である．

なお，Y-G性格検査 (Yatabe-Guilford Personality Inventory)は1940年代のギルフォドらの性格検査から項目を抜粋して作成された質問紙である．Y-Gは広く利用され，「定評」がある．しかし，妥当性は有意差研究のみで，妥当性係数は明らかではない．また，信頼性係数は156項目の旧Y-Gのデータのすり替えであり，信頼性も低い(村上，1993，2005a)．

TEG(東大式エゴグラム)は精神分析モデルと因子分析法を用いた質問紙である．したがって，理論的・因子分析的質問紙と分類できる．TEGの妥当性研究をみると，診療内科受診者528名のTEGを低得点群，中得点群，高得点群と分割し，主治医が評価した受診者のTAチェックテーブルの数値の有意差検定を行なっている．FCとAC尺度では有意差があり，妥当性はゼロではないが，相関の大きさは不明である．CP，NP，Aでは統計的有意差も認められなかった．したがって，TEGの妥当性の根拠はかなり疑わしい．

TEG第2版では，この種の研究を放棄し，CMI，POMS，SDSとの併存的研究を行なった(東京大学医学部心療内科，1989，1995)．TEGとその他のテストとの間で構成概念の対応がなく，場当たり的である．併存的妥当性研究の方法論が欠如している．まず，仲間評定や医師による他者評定等を行ない，TEG尺度との相関係数を求めるべきである．

3）基準関連的方法

　一定の項目群を基準群と統制群に実施して，回答パタンが2つの群で異なる，弁別力の優れた項目を統計的に抽出して尺度化する方法である。基準群にはMMPIのように，うつ病患者，心気症患者など精神障害の患者を割り当てたり，犯罪者，非行少年などを割り当てて，統制群の正常者群と比較することがある。この方法に基づく質問紙を基準関連的質問紙と呼ぶ。

　統制群は基準群と同年齢，同条件の被検者を選べばよいが，基準群の選択は難しく，最大の注意を要する部分である。例えば，MMPIでは心気症の患者群を選ぶときに，純粋な心気症状のみを訴える患者を選んだ。このためには診断は複数の医師によって行なわれる必要があるし，純粋な心気症患者を選ぶには少なくとも千名以上の患者の母集団が必要である。非行少年等の場合でも少年鑑別所に収監され，同程度の犯罪歴の少年を選抜し，同年齢の普通少年と比較する必要がある。そのためには相当数のデータベースが必要である。また，両群に実施する質問紙は，ある程度論理的に収集して構成するが，最終的に20項目程度を残すにしても，100項目以上，できれば数百の項目が必要である。そのため，基準関連的質問紙は，内容的妥当性が低く，基準関連妥当性が高くなる。作成例は少ない。

　代表的な質問紙はMMPIであった。MMPIが開発された当時の基準群は，クレペリン学派による記述的な精神疾患群であり，現在のDSM-5基準と少し異なるものの大部分は重複していた。そのため，MMPIは診断に有効であった。ミネソタ大学出版会は1984年にMMPIの著作権をハサウェイから引き継ぎ，ブッチャらが不快な内容の削除，新尺度の追加などを行ったMMPI-2を1989年に出版した。ところが，DSM診断システムの普及により，精神科医の診断の信頼性が向上し，治療が効果的に行われ，MMPIのような包括的な質問紙の必要性が薄れた。2000年以降，MMPI-2は相談所関係で次第に使用が禁止されるようになり，現在は法廷関係でのみ限定的に用いられている。2020年のMMPI-3ではMMPIの古典的基準関連的尺度はすべて廃止された。

　ここでは，MMPI原版を忠実に翻訳し，世代別に標準化したMMPI-1(村上・村上，1992)を例に挙げておく。三京房の新日本版MMPIは，2020年にミネソタ大学出版会から独占販売権をようやく取得したが，これからの普及は難しいだろう。MMPIの時代は終わりつつある。

　GHQ精神健康調査票(General Health Questionnaire：GHQ)も，軽度な精神疾患群と正常者群の回答パタンを比較する方法で開発された基準関連的質問紙である。妥当性が比較的高く，精神保健の分野でスクリーニング用として広く用いられている。小規模で60項目しかないが，最近では短縮版のGHQ-30やGHQ-28が使われるようになった。類似の質問紙に，CMI健康調査票(Cornell Medical Index：CMI)があるが，CMIは弁別力が乏しいことが繰り返し確認されている。スクリーニング用途としてはGHQのほうが妥当性が高いので，CMIを使用する意味は見いだせない。

第2章 統計的基礎

 1．測定水準

　心理測定は事象を何らかの数値に置き換える作業である。心理テストは，出来事，関心，興味などの事象に数字を割り当てる道具であり，具体的には質問紙やチェックリストなどを意味する。心理テストの場合は，特に標準得点が多用され，内向性は60点であるとか，活動性は55点であると表示される。
　スチーブンス(Stevens, 1951/1968)は，数字を割り当てる規則を4通りに区分し，その規則に応じて，名目尺度，順序尺度，間隔尺度，比率尺度という名称を用いた。

①名目尺度：数字を単にレッテルとして用いるだけの低水準の尺度である。たまたま数字をレッテルとして使っただけで，ABCや☆○□などでも本質的な違いはない。野球選手の背番号や学級のクラス番号などがこれに当たる。名目尺度の数字を足したり，平均しても，何の意味もない。ただ，最も頻繁に現われた数を示す最頻値(モード)などの統計量は使用できる。

②順序尺度：割り当てた数字に順序関係のみが成り立つ場合である。数字の大きさに特別の意味はない。ただ，大きいか小さいかの比較はできる。マラソン競技などの順位に当たる。1位の人は2位の人より2倍速いと考える人はいないだろう。心理学での測定量は基本的に順序尺度であることが多い。順位は加減乗除の対象にはできないので，用いられる統計量は制約を受けるが，度数分布表，メディアン，パーセンタイル順位，順位相関があるし，多次元尺度法のような高度な分析法もある。

③間隔尺度：われわれが普通に考えている測定のイメージである。数字の大きさがようやく意味を持ち，1と2，2と3などの間隔が一定である。温度計の目盛がこれに当たる。尺度には便宜上0が書かれるが，不可欠ではない。任意の定数をかけても足しても，尺度の性質は変化しない。つまり，線型変換 $x' = ax + b$ が可能である。間隔尺度では広範囲の統計量が利用できる。例えば，平均，標準偏差，積率相関，回帰分析や因子分析などがある。

④比率尺度：物理学での測定量のほとんどにあてはまる。この尺度の特徴は間隔尺度の性質に加えて絶対0点を持つことである。物差の目盛がこれに当たる。温度の摂氏から華氏への変換の場合には定数 b が必要であったが，比率尺度に属するインチからフィートへの変換は定数 b は必要ではない。温度では絶対温度が比率尺度である。すべての統計量が利用できるが，この尺度ではじめて利用可能になるのは，幾何平均，変

異係数，2つの量の比の対数をとるデシベル変換などがある。

心理テストで測定される結果は厳密には順序尺度にすぎない。しかし，近似的には間隔尺度や比率尺度としても扱えるし，このほうが多くの統計的手法が応用できる。ただ，作成した心理テストが間隔尺度の要件を満たしていない場合，ひずみが現われてしまう。テスト開発者は，可能な限り，テスト得点の分布を間隔尺度に近づけるように，努めなければならない。

2．基礎統計

1）データ行列

サンプルを行(横)，変量を列(縦)にして表現したものをデータ行列と呼ぶ。一般的に行をi，列をjで現す。i番目のサンプル，j番目の調査項目は，x_{ij}と表記する。データ行列全体はXで表現する。これはデータ解析の世界の慣習である。ソフトによっては行と列の扱いが逆の場合がある。これはWindowsのコンポーネント(プログラム部品)が逆のため，ソフトもそれに合わせたためである。

図2.1は，人工的な例である。調査項目が9，選択枝が9，調査対象者が30名のデータと解釈しよう。本書で計算例に使用する。キーボードから入力する場合も，行列の形で縦横の罫線の間に数字を入力していく。

2）データ入力

調査票や回答票を回収した後は，①記入漏れのチェック，②誤記入のチェック，③無効データの削除を行なう。有効データのみを所定の順序に並べて綴じておこう。回答に男女差があることを考えて，男女別々に綴じるほうがよい。

データ入力のときには男女別のファイルを作成する。男性のファイルは，male1.dat, male2.dat, …，女性のファイルはfemale1.dat, female2.dat, …とわかりやすい名前にする。小さなファイルを作り，後で結合した

```
8 8 7 4 5 5 5 6 7
7 9 6 4 6 6 4 5 3
7 6 6 4 4 6 6 5 6
7 7 5 4 6 6 6 6 6
7 8 5 2 2 4 4 6 5
6 4 6 4 7 7 4 7 7
5 5 5 3 5 4 3 3 3
5 5 4 4 2 2 5 7 5
5 4 4 2 4 3 2 2 3
4 4 3 1 3 2 2 2 3
4 5 5 4 2 2 5 5 3
3 5 4 2 5 3 5 6 5
6 5 7 3 5 5 3 6 6
1 3 2 2 4 5 4 3 4
6 6 6 6 7 6 4 4 3
6 6 7 6 8 5 4 6 5
5 6 6 7 6 8 4 3 2
4 6 3 7 9 7 5 6 4
4 6 5 5 8 6 7 6 8
4 4 3 5 7 6 2 2 4
3 6 4 7 4 6 5 4 6
3 4 2 5 6 6 3 3 2
3 3 3 4 6 5 7 5 7
3 5 4 5 6 4 4 4 6
3 4 5 5 6 7 4 4 6
2 3 1 4 5 6 4 5 4
2 2 2 5 7 5 6 7 5
2 4 4 3 3 3 6 5 5
2 3 3 3 4 4 2 4 6
1 1 3 5 4 2 4 4 4
```

図2.1　データ行列の例

ほうがよい．ファイルが1つ壊れても被害が少ない．男女差がない場合，ファイルを結合しtotal.datを作る．ただし，あらかじめ使うパッケージソフトのデータメニューを熟知しておく必要がある．

キーボード入力の場合，回答票の綴りを見ながら直接的に入力する．数字を1つ入力し忘れたり，同じ数字を二度入れたり，同じサンプルを二度入れるミスが多い．データ行列

	変量1	変量2	変量3	変量4	変量5	変量6	変量7	変量8
サンプル1	8	8	7	4	5	5	5	6
サンプル2	7	9	6	4	6	6	4	5
サンプル3	7	6	6	4	4	6	6	5
サンプル4	7	7	5	4	6	6	6	6
サンプル5	7	8	5	2	2	6	4	6
サンプル6	6	4	6	4	7	7	4	7
サンプル7	5	5	5	3	5	4	3	3
サンプル8	5	5	4	2	2	2	5	7
サンプル9	5	4	4	2	4	3	2	2
サンプル10	4	4	3	1	3	2	2	2
サンプル11	4	5	5	4	2	2	2	2
サンプル12	3	5	4	2	5	3	5	6
サンプル13	6	5	7	3	5	5	3	6
サンプル14	1	3	2	2	4	5	4	3
サンプル15	6	6	6	6	7	6	4	4
サンプル16	6	6	7	6	8	5	4	6
サンプル17	5	6	6	7	6	8	7	6
サンプル18	4	6	3	7	9	7	5	6
サンプル19	4	6	5	5	8	6	7	6
サンプル20	4	4	3	5	7	6	2	2
サンプル21	3	6	4	7	4	6	5	4
サンプル22	3	4	2	2	4	6	3	3
サンプル23	3	3	3	4	6	5	7	5
サンプル24	3	5	4	5	6	4	4	4
サンプル25	3	4	5	5	6	7	4	4
サンプル26	2	3	1	4	5	6	4	5
サンプル27	2	2	2	5	7	5	6	7

図2.2　データ入力画面の例

の形が冊子と対応するように注意すればよい。データ入力画面の一例を図2.2に示す。筆者の自作ソフトであるが，Windowsのグリッド・コンポーネントを利用している。市販のソフトも同じコンポーネントを利用している。したがって，外見，操作法など，基本部分は同じである。セルを移動するにはTab，矢印キー，マウスを利用する。Enterキーは原則として使用しない。

　データ・チェックを綿密に行なう場合は，回答票の綴り一冊を別々に2人で入力し，完全に同一のファイルができたか，ファイルの比較をすればよい。

　カードリーダーを使用する場合は，マークが薄いとブランクと解釈されるので，欠損値になってしまう。マークカードをあらかじめ目で確認するか，後でソフトで欠損値の多いサンプルを調べるとよい。

　データを入力後は，ソフトで基礎統計量(平均・標準偏差など)を算出したり，数字の度数分析を行なって，あり得ない数字(例えば，選択枝が5つなら6や7の数字)をチェックする。

3) 度数分布

　度数分布表は，変量ごとに数字の出現頻度を調べて表示したものである。データを確認する最初のステップである。もし，異常な数字があれば一目でわかる。累積度数や累積率は，ある値以上のデータがいくつあるかを示したものである。累積率×100をパーセンタイルと呼ぶ。

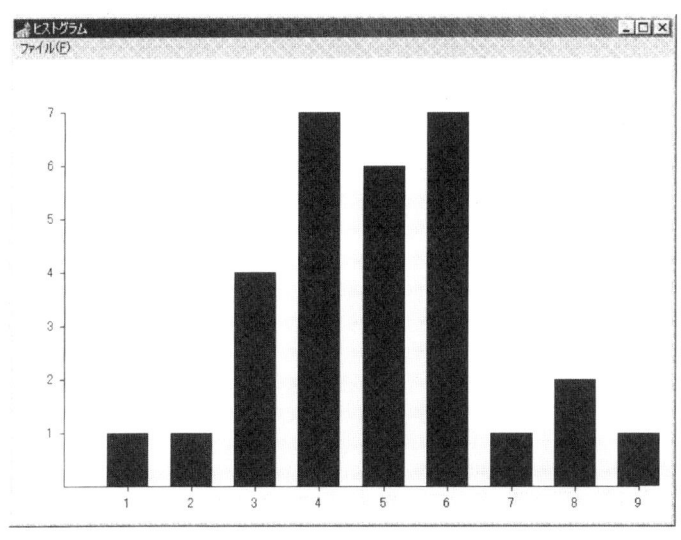

図2.3　ヒストグラムの例

ヒストグラムとは，横軸に数値，縦軸に度数を割り当てて柱状の図で示したものである。データX(図2.1)から変量2を取り出して描くと図2.3となる。分布は釣り鐘型に近い。

図2.4は自作のソフトの実行例である。この場合は自動的に全変量の度数分布表を作成する。得点範囲は自動的に探索する。このプログラムは正規化T得点(p.95)や項目困難度(p.71)を求める場合にも利用できる。

```
[ 多変量度数分析 ( MFA ) ]

ファイル名:X.DAT

サンプル数 =      30

変量     1
    得点    度数     %    度数分布表    累積度数   累積率   累積度数分布表
     1      2    0.067      #              2     0.067    #
     2      4    0.133      #              6     0.200    ##
     3      6    0.200      ##            12     0.400    ####
     4      5    0.167      #             17     0.567    ######
     5      4    0.133      #             21     0.700    #######
     6      4    0.133      #             25     0.833    ########
     7      4    0.133      #             29     0.967    ##########
     8      1    0.033                    30     1.000    ##########

変量     2
    得点    度数     %    度数分布表    累積度数   累積率   累積度数分布表
     1      1    0.033                     1     0.033
     2      1    0.033                     2     0.067    #
     3      4    0.133      #              6     0.200    ##
     4      7    0.233      ##            13     0.433    ####
     5      6    0.200      ##            19     0.633    ######
     6      7    0.233      ##            26     0.867    #########
     7      1    0.033                    27     0.900    #########
     8      2    0.067      #             29     0.967    ##########
     9      1    0.033                    30     1.000    ##########

                (以下略)
```

図2.4 度数分析プログラムの実行例

4）代表値

代表値とは，測定値を最もよく現わす数値である。ヒストグラムが釣り鐘型であれば，横軸のほぼ中間の数値となる。

中央値(median)は，測定値を大きさの順に並べ，ちょうど中央に位置する数値である。もし，中央に数値がなければ，前後の数値の平均である。中央値ははずれ値に強く，分布が歪んでいても影響されにくい。名目尺度や順序尺度の場合によく用いられる。図2.3の変量2の場合，14番目と15番目の平均5が中央値である。

最頻値(mode)は，最も頻度の高い測定値である。最頻値もはずれ値に強く，分布が歪んでいても影響されにくい。名目尺度や順序尺度の場合によく用いられる。分布にいくつかピークができる場合に効果的である。図2.3の変量2の場合，度数7の4が最頻値である。

年収や所得では，超高所得者は少数だが多数の低所得者もいる。このように分布が歪んでいる場合は，中央値や最頻値を使用すべきである。

平均値(mean)は，個々の測定値の総和をデータの個数で割ったものである。平均値は間隔尺度や比率尺度で意味を持つが，名目尺度や順序尺度では計算してはならない。平均値は度数分布の中心が横軸のどの位置にあるかを現わしている。

平均値は，

$$\bar{X} = \frac{\sum X_i}{n}$$

である。nはデータの個数。自明の場合はiを省略する。

ヒストグラムから計算する場合は，

$$\bar{X} = \frac{\sum X_i f_i}{n}$$

である。

f_iは度数である。図2.3の変量2の場合，$\sum X_i f_i = 1 \times 1 + 2 \times 1 + 3 \times 4 + \cdots$と総和を求め，30で割るとよい。

5) 散布度

データが代表値からどれだけ散らばっているかを示す指標である。

レンジ(range)は，最大値と最小値の差である。図2.3の変量2の場合，$9-1=8$となる。レンジは単純だが，極端なはずれ値が1つあると大きく変動する欠点がある。

四分位範囲(interquartile range)は，測定値を大きさの順に並べて，1/4番目と3/4番目の測定値の差である。図2.3の変量2の場合，7番目と8番目の測定値は4，22番目と23番目の測定値は6，したがって，四分位範囲は$6-4=2$である。はずれ値に左右されにくい利点がある。

標準偏差(standard deviation)は平均値に対して個々の測定値がどのような散らばり方をしているかを示す指標である。

定義式は,

$$s = \sqrt{\frac{\sum(X_i - \overline{X})^2}{n}}$$

である.

ヒストグラムから計算する場合は,

$$s = \sqrt{\frac{\sum(X_i - \overline{X})^2 f_i}{n}}$$

である. 標準偏差を2乗した s^2 を分散(variation)という.

標準偏差は, 散らばりの指標として個々の測定値と平均値の差を用いている. そのまま総和を求めると, プラスとマイナスの値が打ち消し合ってしまう. そのため, 2乗して総和を求め, サンプル数で割り, 平方根を求める.

なお, 実際に計算する場合は,

$$s = \sqrt{\frac{\left[\sum X_i^2 - \frac{(\sum X_i)^2}{n}\right]}{n}}$$

を使用する.

なお, ここではサンプルの計算式を示したが, 母集団の標準偏差(母標準偏差)を推定するには, n の代わりに $n-1$ を用いる. 特にサンプル数が100以下の場合には母標準偏差を示したほうがよい. 母標準偏差は慣習的に σ で表記する. X_i も自明であれば X と表記する.

---

s の計算式の証明

$$\begin{aligned}
ns^2 &= \sum(X-\overline{X})^2 \\
&= \sum(X^2 - 2X\overline{X} + \overline{X}^2) \\
&= \sum X^2 - 2\overline{X}\sum X + n\overline{X}^2 \\
&= \sum X^2 - 2\frac{1}{n}\left(\sum X\right)^2 + n\left(\frac{1}{n}\sum X\right)^2 \\
&= \sum X^2 - 2\frac{(\sum X)^2}{n} + n\frac{(\sum X)^2}{n^2} \\
&= \sum X^2 - \frac{(\sum X)^2}{n}
\end{aligned}$$

【計算例】

図2.5に基礎統計量の計算例を示した. 変動係数は $v = s/\sqrt{\overline{X}}$ で計算され, 測定単位ごとの相対的な散らばりを現す. 歪度は $r_1 = \frac{1}{n}\sum(X-\overline{X})^3/s^3$, 尖度は $r_2 = \frac{1}{n}\sum(X-\overline{X})^4/s^4 - 3$ で定義され, ±1の値をとる. 歪度が正なら分布が左に偏り, 負なら右に偏っている. 尖

度が正なら尖った分布，負なら頂上が平たい分布である。変量2の尖度と歪度は0に近いので，比較的歪みの少ない分布であるといえる。

```
[ 平均、標準偏差、その他の統計量 ( Means ) ]

ファイル名:X.dat

サンプル数 =       30

変量
    1       2       3       4       5       6       7       8       9
合計
 128.000 147.000 130.000 125.000 156.000 146.000 129.000 141.000 142.000
平均
   4.267   4.900   4.333   4.167   5.200   4.867   4.300   4.700   4.733
最小
   1.000   1.000   1.000   1.000   2.000   2.000   2.000   2.000   2.000
最大
   7.000   9.000   7.000   7.000   9.000   8.000   7.000   7.000   8.000
分散
   3.662   3.090   2.556   2.339   3.227   2.716   1.877   2.210   2.396
標準偏差
   1.914   1.758   1.599   1.529   1.796   1.648   1.370   1.487   1.548
母標準偏差
   1.946   1.788   1.626   1.555   1.827   1.676   1.393   1.512   1.574
変動係数
   0.449   0.359   0.369   0.367   0.345   0.339   0.319   0.316   0.327
歪度
  -0.131  -0.189   0.063  -0.054   0.025   0.323  -0.072   0.269  -0.072
尖度
  -1.003  -0.012  -0.842  -0.469  -0.598  -0.820  -0.523  -0.945  -0.817


              (以下略)
```

図2.5　基礎統計量の計算例

3. 標準化

　外向的行動を記述する質問項目を集めて，外向性尺度を構成しても，何点以上を外向的と解釈してよいか，わからないし，根拠もない。それで，外向性の程度を決めるために，その新規の心理テストを数百名の大集団に実施して，テストの平均と標準偏差を確認する。
　このような集団を標本（サンプル）と呼ぶ。標本は日本人全体という母集団の代表でなければならない。そのため，標本は母集団から無作為抽出される必要がある。母集団はあまりに数が多く，調査は不可能なので，その性質を標本から統計的に推定するためである。心理テストの得点はすべて，母集団の平均からどの程度隔たっているかによって解釈する。
　テストの標準化とはこのような統計的な基準を作ることである。よく使われるのはZ得点だが，正規分布から隔たった分布をする場合は人工的に正規化したT得点も使われることがある。

1）正規分布

　一般的な測定値は，度数分布表の中央の頻度が高く，周辺に隔たるにつれて標本数は減る場合が多い。標本数が大きい場合，特にこのような傾向がみられる。このような釣り鐘型の分布を正規分布（normal distribution）と呼ぶ。この分布曲線を図2.6に示しておく。
　正規分布曲線の数学的な性質はよく研究されて，この曲線の形は平均値と標準偏差の2つの値によって決定される。平均値 μ は中央の値であり，標準偏差は変曲点という曲線の向きが変わる場所を示す。また，$\mu \pm 1\sigma$ の間に68.3％が $\mu \pm 2\sigma$ に95.4％が属する。つまり，標本の値を知るだけで全体のどの位置にあるかがわかる。

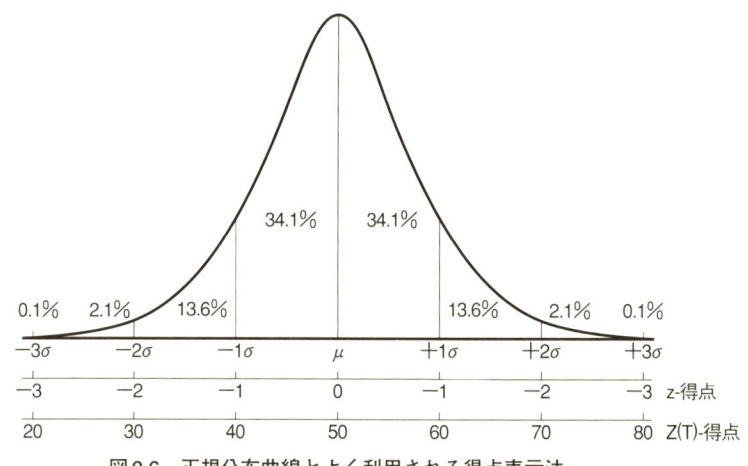

図2.6　正規分布曲線とよく利用される得点表示法

2）標準得点

正規分布曲線は便利だが、測定する対象や測定する単位が異なると全体の形が変化する。例えば、平均値や標準偏差が異なると、学力テストで英語が65点、数学が55点では、どちらの教科の順位が高いかわからない。このような場合、分布の単位をそろえると便利である。これを基準化と呼ぶ。

z得点は、

$$z = \frac{(X - \bar{X})}{\sigma}$$

で定義され、測定対象や単位に関係なく、常に平均0、標準偏差1の分布をする。ただ、単位が±3前後の小数になるので読みにくい。そのために、適当な変換定数a、bを決めて線型変換した値$az+b$を標準得点と呼ぶ。整数部分のみを使う。

また、$a=10$、$b=50$の場合を特にZ得点と呼ぶ。

$$Z = 10z + 50$$

Z得点は、平均50、標準偏差10となる。世間では偏差値と呼ばれている。ほとんどの心理テストはこれを利用する。唯一の例外は知能指数である。これは、

$$Z = 15z + 100$$

で、平均100、標準偏差15の分布を利用する。

テストの標準化には、このような統計的な基準を作ることが含まれる。よく使われるのはZ得点だが、正規分布から隔たった分布をする場合は人工的に正規化したT得点も使われる。Z得点とT得点は正規分布の場合は一致する。その他の得点表示法も図2.6に示している。

---

z得点の平均が0、標準偏差が1の証明

$$\bar{z} = \frac{\sum z}{n}$$
$$= \frac{1}{n} \sum \left(\frac{X - \bar{X}}{\sigma} \right)$$
$$= \frac{1}{n\sigma} \left(\sum X - \sum \bar{X} \right)$$
$$= \frac{1}{n\sigma} \left(\sum X - n\frac{1}{n}\sum X \right)$$
$$= 0$$

$$\sigma_z^2 = \frac{1}{n} \sum (z - \bar{z})^2$$
$$= \frac{1}{n} \sum z^2$$
$$= \frac{1}{n} \sum \left(\frac{X - \bar{X}}{\sigma} \right)^2$$
$$= \frac{1}{\sigma^2} \frac{1}{n} \sum (X - \bar{X})^2$$
$$= \frac{1}{\sigma^2} \sigma^2$$
$$= 1$$

4. 相関係数

　古典的テスト理論に基づく平行測定の場合には，相関係数が信頼性係数の推定値として使用できる。そこで，相関係数の概念を理解することが重要となる。相関の概念を発見したのは，フランシス・ゴールトン(Galton, F., 1822-1911)だが，ピアソンが数式化したものがよく使われている。ピアソンの相関係数とか積率相関係数と呼ばれる。

1）相関係数の定義

　変量Xと変量Yの2変量の場合，散らばりの指標は，

$$\sigma_{XY} = \frac{\sum(X-\overline{X})(Y-\overline{Y})}{n}$$

で定義される。これを共分散と呼ぶ。分散の場合は，$\sum(X-\overline{X})^2$を用いたが，共分散では$\sum(X-\overline{X})(Y-\overline{Y})$に変更されているだけである。

　変量Xと変量Yの相関係数は，XとYの共分散をXの分散，Yの分散で割り，基準化したもので，

$$r = \frac{\sigma_{XY}}{\sigma_X \sigma_Y}$$

で定義される。言葉で表現すると，

$$相関係数 = \frac{XとYの共分散}{Xの標準偏差 \times Yの標準偏差}$$

となる。なお，XとYが平均0に標準化されていれば，$\overline{X}=0$，$\overline{Y}=0$であるから，

$$r = \frac{\sum XY}{\sqrt{\sum X^2}\sqrt{\sum Y^2}}$$

となる。
　z得点の場合は，標準偏差が1であるから分母が0になり，

$$r = \sum XY$$

と，さらに簡単になる。

2）相関係数の計算

計算には，

$$r = \frac{n\sum XY - (\sum X)(\sum Y)}{\sqrt{[n\sum X^2 - (\sum X)^2][n\sum Y^2 - (\sum Y)^2]}}$$

を用いる。なぜなら，ΣXY，ΣX，ΣY，ΣX^2，ΣY^2 を求めればよいので，メモリー付きの電卓があれば計算できるからである。プログラムを組むのもこのほうが簡単だし，誤差の蓄積の点でも有利である。

相関係数の計算式の証明

$$\begin{aligned}
n\sigma_{XY} &= \sum(X-\bar{X})(Y-\bar{Y}) \\
&= \sum(XY - \bar{X}Y - X\bar{Y} + \bar{X}\bar{Y}) \\
&= \sum XY - \bar{X}\sum Y - \sum X\bar{Y} + n\bar{X}\bar{Y} \\
&= \sum XY - \bar{X}n\bar{Y} - n\bar{X}\bar{Y} + n\bar{X}\bar{Y} \\
&= \sum XY - n\bar{X}\bar{Y}
\end{aligned}$$

$$\begin{aligned}
n\sigma_{X^2} &= \sum(X-\bar{X})^2 \\
&= \sum(X^2 - 2X\bar{X} + \bar{X}^2) \\
&= \sum X^2 - 2\bar{X}\sum X + n\bar{X}^2 \\
&= \sum X^2 - 2\bar{X}n\bar{X} + n\bar{X}^2 \\
&= \sum X^2 - n\bar{X}^2
\end{aligned}$$

同様に

$$n\sigma_{Y^2} = \sum Y^2 - n\bar{Y}^2$$

となる。

相関係数は，−1.00から＋1.00までの値をとる。一般的に，相関係数が絶対値で0.2より小さいときはほとんど相関がなく，0.2～0.4のときは弱い相関があり，0.4～0.7では中程度の相関があり，0.7より大きいときは強い相関があるといわれる。ただし，これは標本数が100以上の場合にあてはまることで，サンプル数が少ないと母相関係数の推定誤差が大きくなる。

3）分析例

普通は計算量が多いので，ソフトを利用することになる。図2.7は小学生用BigFiveの外向性項目の相関行列を算出するプログラムの実行結果である。外向性6項目の相互相関は低めである。

```
[ 積率相関行列 ( Correlation ) ]
ファイル名:C:\Hatayama\all_student\E6.dat
サンプル数 =      815
変量
         1        2        3        4        5        6
平均
      0.283   -0.423   -0.048    0.090    0.202   -0.166
標準偏差
      0.959    0.906    0.999    0.996    0.979    0.986

                          相関行列
         1        2        3        4        5        6
      1.000   -0.281   -0.200    0.314    0.343    0.243
     -0.281    1.000    0.207   -0.223   -0.284   -0.214
     -0.200    0.207    1.000   -0.239   -0.147   -0.224
      0.314   -0.223   -0.239    1.000    0.212    0.259
      0.343   -0.284   -0.147    0.212    1.000    0.201
      0.243   -0.214   -0.224    0.259    0.201    1.000

平均値ファイル     : C:\Hatayama\all_student\E6.AVE
標準偏差ファイル   : C:\Hatayama\all_student\E6.SD
相関行列ファイル   : C:\Hatayama\all_student\E6.COR
```

図2.7　相関行列プログラムの実行結果

4）母相関係数

母相関係数(調整ずみ相関係数)は使用頻度が低いが，次の式で定義される(Howell, 2002)。

$$r_{adj} = \sqrt{1-\frac{(1-r^2)(n-1)}{n-2}}$$

したがって，$n=815$，$r=0.281$であれば，

$$\begin{aligned} r_{adj} &= \sqrt{1-\frac{(1-0.281^2)(815-1)}{815-2}} \\ &= \sqrt{1-\frac{0.921 \times 814}{813}} \\ &= 0.279 \end{aligned}$$

となる。サンプル数が大きいので，標本相関係数との差はわずかである。図2.7のプログラムで母相関行列のオプションを選択すると，自動的に計算される。また，図2.8のように，相関係数の有意性検定のプログラムを実行してもよい。

```
[ 相関係数の有意性検定（ Rtest ）]


    サンプル数   =    815
    相関係数    =   0.281

    母相関係数   =   0.279

    t =  8.349**   ( 1% level，両側検定 )
    自由度=813

 母相関係数= 0 という帰無仮説は棄却されました。
 (相関係数は有意な大きさです。)
```

図2.8　相関係数の有意性検定プログラムの実行結果

なお，相関係数の2乗 r^2 を決定係数と呼ぶ。ある変量の分散が，他の変量の分散の何％を説明できるかという数値である。また，$1-r^2$ を非決定係数と呼ぶ。相関係数が0.5というと中程度の相関であるが，説明力は25％しかない。50％以上の説明力となると，0.7以上の相関係数が必要である。

5）利用上の注意

相関係数はよく使われるが，研究者の間でも十分に理解されているとは思えない。注意すべき点を簡単に列挙しておこう。

(1) サンプル数

通常計算される相関係数は母集団のものではない。したがってランダム誤差に影響されやすい。サンプル数は最低100以上必要で，できれば200以上とするほうがよい。20～30名で相関係数を計算した場合，統計的なセンスを疑われてもしかたがない。

例えば，相関係数を0.700と固定し，サンプル数を10, 30, 50, 100, 150, 200として母相関係数を計算すると，0.653, 0.687, 0.692, 0.696, 0.698, 0.698となる。サンプル数が150を超えると，標本相関と母相関が一致してくる。したがって，有効桁を小数点3桁と主張するにはサンプル数を150以上にすべきであろう。

しかし，三京房の新日本版MMPIの信頼性係数は，大学生男性53名，大学生女性39名，看護学校女性45名，それぞれの群ごとに算出されている(MMPI新日本版研究会, 1993)。被検者群があまりにも小さすぎるし，3群に分割する利点も感じられない。各群の平均年

齢すら算出されていない。各群の大きさを100名以上にすべきであろう。卒業論文でもこれほど低水準の分析はない。信頼性は検討したという一種のアリバイ作りであろう。このような小さなサンプルで求めた信頼性係数はあまり信頼できない。結局，新日本版MMPIの信頼性係数は研究されたとはいえない。もう一度研究をやり直す必要がある。

筆者はMMPI-1の再検査信頼性について，大学生（男性142名，女性161名）で算出し，平均年齢や標準偏差も明記した（村上・村上，1994）。大学生というだけでは，さまざまな年齢層の被検者が混じっていることもある。相関係数の誤差はある程度大きなサンプルをとれば小さくなるが，可能ならば，ランダム・サンプリングによって被検者を決めるとよい。

(2) 選抜者集団での相関係数

選抜者集団では常に相関係数は低くなる。例えば，大学入学者の入試得点と学業成績との相関を求めても必ず低い値となる。例えば，図2.9はサンプル全体では相関係数は0.80であるが，入試で50点以下を不合格とした場合，楕円領域の散布図しか得られない。不合格者の学業成績が存在しないため，分布の一部が切断されるためである。

同様に，学力テストがやさしすぎてほとんどの科目が高得点となったり，難しすぎて低得点ばかりになると，科目間の相関係数は低くなる。これは天井効果とか，床効果と呼ばれる。

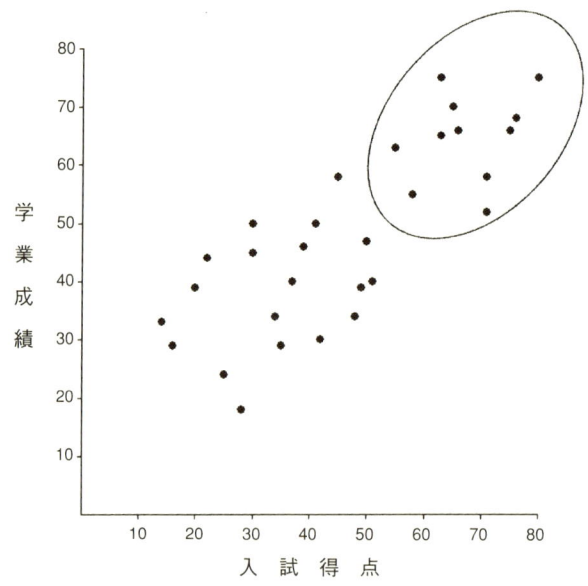

図2.9　選抜集団での相関

(3) 有意な相関は強い相関ではない

有意な相関は強い相関を意味しない。統計的に有意な相関と呼ぶ場合は、無相関でないと結論しても95％、もしくは、99％は大丈夫という意味である。サンプル数が多い場合は、0.2や0.3でも有意な相関となり得る。これは弱い相関でしかない。

村上（2005a）から例を図2.10に示しておこう。サンプル数は240、相関係数は0.18（$p<.01$）である。検定や分散分析で心理テストの妥当性を確認したという報告は多いが、相関係数を求めると非常に小さい場合が多い。逆にいえば、相関係数を求めるとあまりにも小さいので、分散分析や有意性検定を利用して、有意性を強調し、強い相関があるかのように論文を執筆するということだろう。つまり、論理のすり替えである。ごまかし研究はやってはならない。

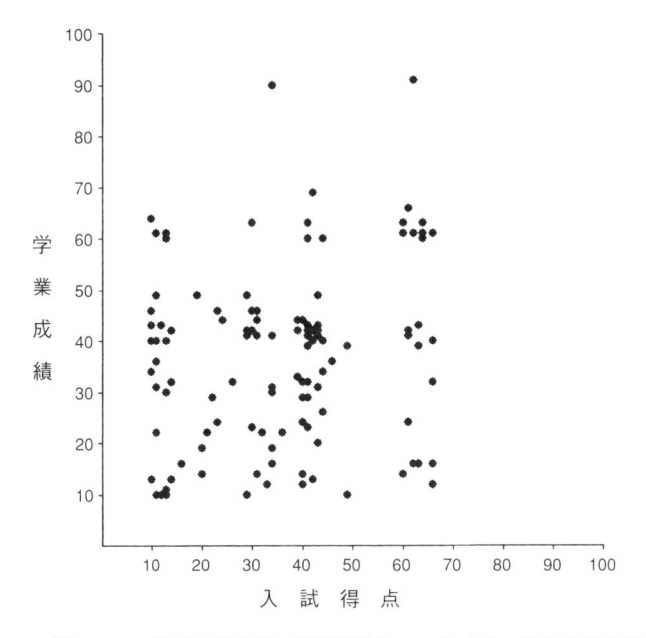

図2.10　1％で有意だが、相関係数は0.18と小さい場合の散布図

(4) 相関関係は因果関係ではない

相関関係は因果関係を意味しない。2つの変量の間に大きな相関があっても、第3の変量が隠れている場合がある。例えば、アイスクリームの売り上げと溺死者の数には高い相関があるだろう。しかし、両者の間になんの因果関係もない。この場合は気温という第3の変量が隠れているためである。このような場合には偏相関係数を算出すると、第3の変量の影響を取り除くことができる。

5．回帰分析

フランシス・ゴールトンは遺伝の研究を行ない、「一般的退行の法則」として「1人の人間の持つ各特性は、その子孫に分与されてゆくが、平均的にはその特性の著しさの程度は低くなっていく」と主張した。

カール・ピアソンは家族の身長の記録1078を集め、父親の身長から息子の身長を予測する回帰分析を行なった。すると、$\hat{y}=0.516x+33.73$という回帰式が得られた。つまり、背の高い父親は一般的に背の高い息子を持つ傾向があるが、その息子たちの平均身長を調べると、父親の平均身長より低かった。そこで、成人一般の平均身長への退行が認められると考えた。このような経過で、"regression（退行、退化、回帰）"という言葉が使われるようになった(Snedecor & Cochran, 1967/1972)。

回帰分析のパラメタはサンプルの変動から比較的独立している。そのため、心理テストでは予測の研究を行なう場合、回帰式を算出したり、妥当性の指標として用いられる。

1）単回帰分析

変数Xと変数Yに相関があれば、Xの値からYの値をある程度予測することができる。いちばん簡単なモデルは、XとYの間に直線的関係を仮定することである。

予測式は、

$$\hat{Y} = bX + a$$

で、ここで、

$$b = \frac{n\sum XY - (\sum X)(\sum Y)}{n\sum X^2 - (\sum X)^2}$$

$$a = \bar{Y} - b\bar{X}$$

となる。これは最小自乗法という予測誤差$\sum(Y-\hat{Y})^2$を最小化する方法で導かれた式である。

・回帰係数の証明

予測誤差を a で偏微分すると,

$$-\frac{1}{2}\frac{\partial Q}{\partial a} = \sum(Y-bX-a)$$
$$= \sum Y - b\sum X - na$$
$$= 0$$

であるから,

$$a = \frac{\sum Y - b\sum X}{n}$$
$$= \frac{\sum Y}{n} - b\frac{\sum X}{n}$$
$$= \overline{Y} - b\overline{X}$$

となる。

予測誤差を b で偏微分し, a を代入すると,

$$-\frac{1}{2}\frac{\partial Q}{\partial b} = \sum X(Y-bX-a)$$
$$= \sum XY - b\sum X^2 - \sum X\overline{Y} + b\sum X\overline{X}$$
$$= \sum XY - \sum X\left(\frac{\sum Y}{n}\right) - b\left[\sum X^2 - \sum X\left(\frac{\sum X}{n}\right)\right]$$
$$= 0$$

これから

$$b = \frac{\sum XY - \sum X\left(\frac{\sum Y}{n}\right)}{\sum X^2 - \sum X\left(\frac{\sum X}{n}\right)}$$
$$= \frac{n\sum XY - \sum X\sum Y}{n\sum X^2 - (\sum X)^2}$$

となる。

相関係数の計算式(p..23)と回帰係数 b の式(p.28)を見ると, 分子が同じことに気づく。すなわち,

$$b = \frac{\sigma_{XY}}{\sigma_X^2}$$

となっている。

以上は X から Y を予測した回帰式であるが, Y から X を予測した回帰式 $\hat{X} = b'X + a'$ を作ることもできる。b' と a' は上の式の X と Y を入れ替えるだけでよい。すると,

$$b' = \frac{\sigma_{XY}}{\sigma_Y^2}$$

となる。相関係数はこれらの幾何平均 $\sqrt{bb'}$ となる。

2）重回帰分析

多数の変量 $x_2, x_3, \cdots x_k$ から y を予測する場合は，

$$\hat{y} = \beta_1 + \beta_2 x_2 + \beta_3 x_3 + \cdots + \beta_k x_k + e$$

というモデルを当てはめる。この場合は重回帰分析と呼び，変量が1つの場合を単回帰分析と呼んで区別する。β_1 は定数，$\beta_2, \beta_3, \cdots \beta_n$ が回帰係数である。x が2から始まっていることに注意しておきたい。

ベクトルや行列の演算は説明していないが，行列で表記すると，重回帰モデルがわかりやすくなる。

$$\begin{pmatrix} y_1 \\ y_2 \\ \vdots \\ y_i \\ \vdots \\ y_n \end{pmatrix} = \begin{pmatrix} 1 & x_{12} & \cdots & x_{1k} \\ 1 & x_{22} & \cdots & x_{2k} \\ \vdots & \vdots & \cdots & \vdots \\ 1 & x_{i2} & \cdots & x_{ik} \\ \vdots & \vdots & \cdots & \vdots \\ 1 & x_{n2} & \cdots & x_{nk} \end{pmatrix} \begin{pmatrix} \beta_1 \\ \beta_2 \\ \vdots \\ \beta_k \end{pmatrix} + \begin{pmatrix} e_1 \\ e_2 \\ \vdots \\ e_i \\ \vdots \\ e_n \end{pmatrix}$$

ベクトルや行列は太字のアルファベットで表示する習慣がある。つまり，

$$\mathbf{y} = \mathbf{X}\beta + \mathbf{e}$$

と表現される。これは定数項を β_1 で表現したため，単回帰分析の α がなくなった形である。$\hat{\beta}$ は，

$$\hat{\beta} = (\mathbf{X'X})^{-1}\mathbf{X'y}$$

となり，単回帰の場合と同様の表現になる。

なお，$\hat{y}$ と y の相関を重相関係数と呼び，R で表わす。単回帰も重回帰も同じである。重相関係数が大きいほど回帰分析のあてはまりがよい。実際には自由度調整ずみの決定係数（説明率）R^2 の大きさで評価する。

3）分析例

高齢者の幸福感の規定要因を調べた村上（1998）の研究を紹介しておく。調査対象者は富山県の高齢者422名（男性272名，女性150名）であった。PGC得点（主観的幸福感の指標，Lawton, 1975）を従属変数として重回帰分析を男女別に適用した。標準偏回帰係数による回帰式を男女別に示す。

男性の回帰式は，

$$PGC = -3.319 + 0.496 \times (頻度) + 0.447 \times (情緒安定性) + 0.474 \times (協調性)$$
$$+ 1.725 \times (生活実感) - 0.750 \times (主観的健康観)$$
$$+ 0.085 \times (家族の情緒的・手段的援助)$$

であった。$R=0.68$，説明率は$0.68^2=0.46$（46％）であった。

女性の回帰式は，

$$PGC = 8.672 - 0.403 \times (頻度) + 0.386 \times (情緒安定性) + 0.202 \times (知的好奇心)$$
$$+ 0.896 \times (生活実感) - 1.550 \times (主観的健康観)$$
$$- 0.856 \times (配偶者の有無) + 0.053 \times (家族の情緒的・手段的援助)$$

となった。$R=0.69$，説明率は$0.69^2=0.48$（48％）であった。

調査データとしては説明率が高く，性格検査や調査項目が適切であったことを示す。主観的幸福感の符号がマイナスなのは，高得点ほど主観的に不健康である尺度化のためである。

男性では，情緒が安定し，協調的だが，拒否的な人，また，生活実感や主観的健康観が良好な人の主観的幸福感が高かった。

女性では，情緒が安定し，知的好奇心が高く，控えめで用心深い人，また，主観的健康観と生活実感が良好で，配偶者がいる人の主観的幸福感が高かった。

このように，重回帰分析を利用すれば，因果的な説明モデルが構築可能である。

回帰分析で注意すべき点を，簡単に列挙しておこう。

①サンプル数は最低100以上必要である。可能なら200以上のサンプル数とする。サンプル数が少ないとと回帰式が安定しない。

②ここに説明した回帰分析モデルは，データを行列の和や差で記述する線形モデルである。相関係数の場合と同様，曲線的な関係があるとあてはまりが悪くなる。この場合はデータを対数変換して線形モデルに当てはめたり，非線形の回帰分析モデルを利用するほうがよい。

③一般的に，多くの変量を予測に用いるほうが予測精度が上がる。すなわち，単回帰分析モデルよりも重回帰分析モデルのほうが予測力は高い。しかし，予測精度と回帰モデルのあてはまりのよさは別の問題である。回帰モデルの適合性は，自由度調整ずみの重相関係数や，赤池情報量基準AICなどで評価する。

④回帰分析モデルでは変量間の相関を仮定していない。相関があると予測精度が下がってしまう。これは多重共線性と呼ばれる。この問題を避けるために，相関を仮定した

回帰分析モデルを使ったり，主成分分析を行なってから重回帰分析を行なうこともある。回帰分析には，多くの数学モデルがあることを忘れてはならない。
⑤性格検査の場合は，いくつかの変量を結合し，指標を作成する場合が多い。一種の重回帰モデルである。次章で説明するが，差得点は元の変量よりも信頼性が低下する。この種の指標は開発される割には広く使われない。その原因の1つは信頼性の低下である。
⑥偏回帰係数 β と，それを標準化した標準回帰係数がある。一般的には，基準変量の単位が任意で意味が明確でないときは標準回帰係数を，血圧やコレストロール値など，意味が明確な場合には偏回帰係数を解釈に利用する(柳井, 2000)。

第3章 信頼性

1. 信頼性とは

　体重を測定する場面を想像してみよう。ある朝，体重計に乗ると，65.2kgを表示した。いつもより重いと感じたので，体重計をリセットし，もう一度，測定し直した。そうすると，64.8kgであった。どちらが正しいかわからない。それで，もう一度，体重計をリセットして測定すると，64.6kgであった。果たして，どの値が正しいのだろうか。

　知能や性格を測定する場合はもっと誤差が大きい。例えば，知能テストを受けると，ある日は110点であっても，次の日には115点かもしれない。性格検査でも，ある日に外向性得点が60点であっても，次の日には55点になってしまうかもしれない。

　実際は，知能テストを短期間の間に何度も繰り返して実施することはない。一度解いた問題はよく記憶されるので，2回目のテストが高得点になってしまう。性格検査の場合は，それほど重大な歪みは出ないが，それでも短い時間間隔で実施すると，1回目に回答した内容をよく記憶しているため，記憶に基づいて2回目に回答することがある。このときは，テストの信頼性が高めに出てしまう。

　信頼性(reliability)とは，測定値の安定性や一貫性のことである。上記のように，何度も繰り返し測定する場合は測定値の安定性である。テストをある程度の規模の集団に二度実施し，1回目のテスト得点と2回目のテスト得点の相関をとれば，信頼性係数が得られる。日常用語では「信頼できる」という言葉は，測定値が安定し信用できる(正しい)という意味であるが，心理学では信頼性は測定値の安定性や一貫性のみを指す。測定値の正しさは妥当性という術語で区別する。

　テストの構成要素，すなわち，質問項目に対する回答の一貫性も信頼性の指標である。例えば，外向性尺度で「にぎやかな性格です」「元気がよいと人に言われます」「話し好きです」…に対してすべて「はい」と回答すれば一貫性は完全である。一方，「はい」と「いいえ」と入り交じって回答すれば，一貫性は低い。

　一貫性が完全であれば，多くの質問項目に回答させる必要はない。質問項目を1つ提示すればよい。項目を追加しても，得られる情報は増加しない。一般的に，テストの妥当性を高めるには，外部基準との相関が高く，項目間相関が低い項目を残せばよい(池田, 1973)。

　妥当性を高める尺度構成には，ある程度，項目内容がバリエーションに富んでいる必要がある。つまり，内的整合性の指標(α係数)のみに注目して尺度構成すると，妥当性の低いテストを作成してしまう可能性がある。

2．信頼性係数の定義

一般的に古典的テスト理論は，

$$X_{ij} = a_j T_i + b_j + E_{ij}$$

というモデルで示される。測定値 X_{ij} は真値 T_i と定数 a_j，b_j と誤差 E_{ij} の合成得点と考える。真値は直接的には観測できない構成概念である。

さらに，以下のような基本仮定がある。

① 誤差はランダムに生ずる。
② 誤差の平均値は0である。
③ 真値と誤差の相関は0である。
④ 異なった測定における誤差の相関は0である。

ある個人 i の属性が変化しないと仮定し，何度も実施可能なテスト j があった場合に，真値の推定が可能である。例えば，体重計のように，物理的測定の場合では繰り返しが可能である。数多く測定すると，測定誤差の平均は0に近づく。したがって，

$$\overline{X}_j = a_j T + b_j$$

測定値の平均値は真値の線形変換したもの（$a_j=1$，$b_j=0$ であれば真値そのもの）を表わす。ただし，個人の属性は変化する可能性があるし，繰り返し実施可能なテストはほとんど存在しない。古典的テスト理論の基本仮定は物理学的な測定を念頭に置いたもので，これによって数学的取り扱いは簡単になった。

測定値，真値，誤差は互いに独立で相関がないと仮定されるので，ここから測定値の分散 σ_X^2 は真値の分散 σ_T^2 と誤差分散 σ_E^2 の和であることが導かれる。

$$\sigma_X^2 = \sigma_T^2 + \sigma_E^2$$

また，

$$r = \frac{\sigma_T^2}{\sigma_X^2} = \frac{\sigma_T^2}{\sigma_T^2 + \sigma_E^2}$$

とすると，r は測定値の分散に対する真値の分散の割合を示す。これを信頼性係数と定義する。つまり，

$$信頼性係数 = \frac{真値の分散}{測定値の分散}$$

である。真値の分散は測定値の分散を超えないので，信頼性係数の上限値は1である。一方，信頼性係数の下限値は真値の分散が0のとき，0となる。

古典的テスト理論の初期では，信頼性係数は2つの平行形式のテストの相関係数として定義されていた。ところが，制約をゆるめた平行形式のテストでは相関係数の値が異なってくる可能性があった。現在の信頼性係数の定義は，この面倒な問題点を回避できる利点があった(Feldt & Brennan, 1989/1992)。

信頼性係数の大きさはどの程度あればよいだろうか。一般的には信頼性係数は0.80以上の値が望ましい。定義式から明らかなように，0.80の場合で，測定値に対する真値の分散は80％，誤差分散は20％と推定される。誤差分散が大きいと，測定値が不安定で，妥当性も低下してしまう。

3．信頼性係数の推定法

1）テストを2回実施する場合

平行形式による推定は，同じ内容を測定するように作成された2つの平行テストを代表的サンプルに実施し，テスト間の相関係数を算出し，それを信頼性係数とする方法である。完全に等価なテストが作成可能であれば，この方法は理想的であるが，平行テストを作成するのが困難であるという現実的な重大な問題がある。

キャテル(Cattell, R. B.)の16PFにめずらしくA形式とB形式という平行形式があるが，等価係数が低く，テストの平行性を証明するには不十分であった。この方法によって信頼性係数を求めても，テストの平行性に問題がある可能性を排除できない。

再テスト法による推定は，同一のテストを代表的サンプルに2回実施して，相関係数を算出し，それを信頼性係数とする方法である。テストの間隔は，一般的には1週間から1か月が多い。信頼性係数を推定する最も簡単な方法である。

再テスト法では，同じテストを時間をおいて2回実施するので，その間に被検者の特性が変化しないことが前提である。ただし，被検者の態度変化が起こったか否かは，テスト結果だけからは判断できない。また，1回目のテストの記憶が2回目の結果に影響することもある。テスト結果に記憶の影響がないことも前提である。

一般的な心理テストの場合には，繰り返し実施する場合もあるので，再テスト法による信頼性の検討は必要であろう。ただし，知能テストのような場合は，記憶の影響が強く出るので，再テスト法による信頼性の推定は困難である。なお，再テスト法が数か月間隔で実施された場合は，信頼性係数とは呼ばず，安定性係数と呼ぶ。

2) テストを1回実施する場合

テストを2回実施すると，記憶による影響や，被検者が変容した可能性が否定できないし，物理的に2回実施するのが困難であるという状況もある。それで，テストを1回だけ実施して，信頼性係数を推定する方法が古くから工夫されてきた。

折半法は，テスト項目を奇数番目と偶数番目というように半分に分け，信頼性係数を2つのサブテスト間の相関係数から推定しようとする方法である。2つのサブテストが平行テストになるという基本仮定がある。サブテストでは項目数が半分になってしまうので，本来の項目数の場合の信頼性係数を統計的に推定する必要がある。この方法は1910年にスピアマン(Spearman, C. E.)とブラウン(Brown, W.)によって別々に証明された。

スピアマン-ブラウンの修正公式を次に示しておこう。

$$r_{XX''} = \frac{2r_{XX'}}{1+r_{XX'}}$$

ここで，$r_{XX'}$はサブテスト間の相関係数，$r_{XX''}$は推定された信頼性係数である。なお，これは半分にされたテストから，もとの長さのテストの信頼性係数を推定する修正公式である。

もし，サブテスト間の相関が0.70なら，

$$\begin{aligned} r_{XX''} &= (2 \times 0.70)/(1+0.70) \\ &= 0.82 \end{aligned}$$

一般化は容易で，n倍の長さのテストの信頼性係数は，

$$r_{XX''} = \frac{nr_{XX'}}{1+(n-1)r_{XX'}}$$

となる。これをスピアマン-ブラウンの修正公式の一般形と呼ぶ。これによって本来の項目数よりn倍長いテストの信頼性係数が推定できる。

例えば，ある研究で作成した暫定版尺度5項目の信頼性係数は0.65と小さかった。信頼性係数を0.80にするには何項目にすればよいだろうか。この式に値を代入し，初等的な方程式を解けばよい。つまり，

$$\begin{aligned} 0.80 &= (n \times 0.65)/[1+(n-1) \times 0.65] \\ &= 0.65n/(1+0.65n-0.65) \\ &= 0.65n/(0.35+0.65n) \end{aligned}$$

ここから，

$$\begin{aligned} n &= 0.28/0.13 \\ &= 2.15 \end{aligned}$$

となる．2.15倍の長さ，11項目の尺度にすると，信頼性は0.80と満足できる値になると予測できる．

ただし，テストがあまり長くなると，受検者は疲労して，興味を失ってしまう．この公式は信頼性を過大評価してしまう可能性がある．また，テスト項目を分割する方法に不確実性がある．代表的な方法は偶数番目と奇数番目の項目を別にすることだが，この方法がいつも適用できるわけではない．困ったことに分割法によって信頼性係数も変化してしまう．

分割の可能なすべての組み合わせから信頼性係数の平均値を求める方法もあるが，1951年にクロンバック(Cronbach, L. J.)によって提案された α 係数が計算も簡単でよく利用されている． α 係数の定義式は次のように表わされる．

$$\alpha = \frac{n}{n-1}[1-\frac{\sum \sigma_i^2}{\sigma^2}]$$

ここで，nは変量の数，σ_i^2は個々の項目の分散，σ^2はテスト全体の分散である．相関行列から計算する場合は，

$$\alpha = \frac{n\bar{r}}{1+\bar{r}(n-1)}$$

と表わされる．$\bar{r}$は相関係数の平均である．1つの尺度であるから，項目間相関はプラスと仮定する．

$\bar{r}=0$であれば，$\alpha=0/(1+0)=0$である．また，$\bar{r}=1$であれば，$\alpha=n/(1+n-1)=1$である．最小値は0，最大値は1である．式を見ればわかるように，α係数は項目間相関係数の平均が大きく，項目数が多くなるほど大きくなる傾向がある．

手計算の場合，$n=6$，$\bar{r}=0.239$とすると，

$$\begin{aligned}\alpha &= (6\times 0.239)/[1+0.239\times(6-1)]\\ &= 1.436/(1+0.239\times 5)\\ &= 1.436/2.195\\ &= 0.654\end{aligned}$$

となる．

α係数は実際のテストと，それと同じ長さの仮説的な平行形式のテストとの相関の期待値で，テスト項目が平行測定であれば信頼性係数に等しい．実際のテストが平行形式からかけ離れていても，テストの信頼性係数が α 係数より小さくなることはない(Carmines & Zeller, 1979/1983)．したがって，α 係数は信頼性係数の推定値の下限値を与える．

α 係数は信頼性係数の下限値なので，0.8以上の値が得られた場合は問題がないが，それを下回った場合，改めて再検査信頼性係数を求める必要がある．

3）信頼性係数の大きさ

　テストを2回実施した場合，被検者の得点が1回目65点，2回目70点，次の被検者の得点が1回目55点，2回目63点，…であると，相関係数を計算すれば，信頼性係数の推定値となる。横軸を1回目，縦軸を2回目のテスト結果としよう。それぞれの位置をドットで表示して，散布図を作成すると，横軸と縦軸の関係性が直感的に理解できる。

　図3.1は，信頼性係数が0.8の散布図である。1回目と2回目のテスト結果はある程度は対応するが，1回目のテスト結果から2回目のテストが予測できるというほどではない。

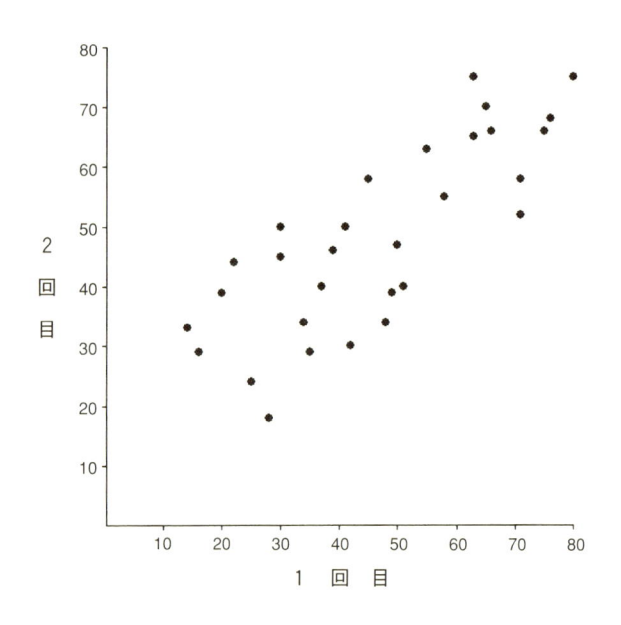

図3.1　信頼性係数(相関係数)0.8の場合の散布図

　図3.2は，信頼性係数が0.6の散布図である。この場合も，横軸を1回目，縦軸を2回目のテスト結果として，被検者の得点をドットで表わしたものである。0.8の場合と比べると，ドットが全体に広がりがちである。1回目と2回目のテスト結果が十分に対応するわけではない。かなり誤差は大きい。

　図3.3は，信頼性係数が0.3の散布図である。この場合も，横軸を1回目，縦軸を2回目のテスト結果として，被検者の得点をドットで表わしたものである。ドットが全体に広がってしまい，横軸と縦軸の関係性が小さいことがわかる。つまり，1回目のテスト結果か

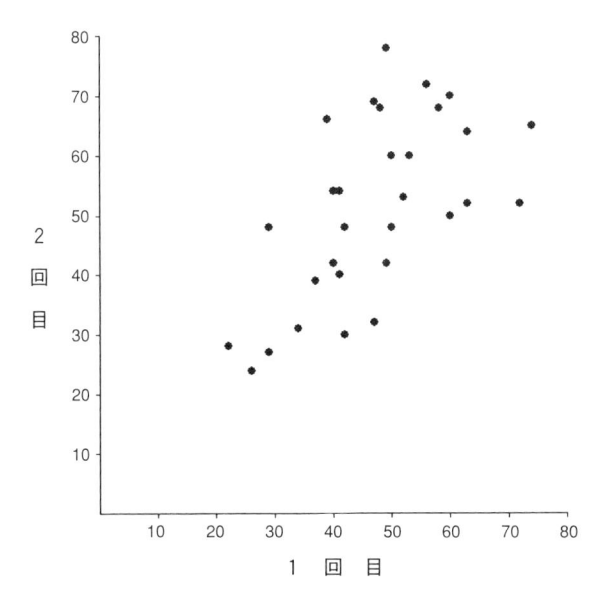

図3.2　信頼性係数(相関係数)0.6の場合の散布図

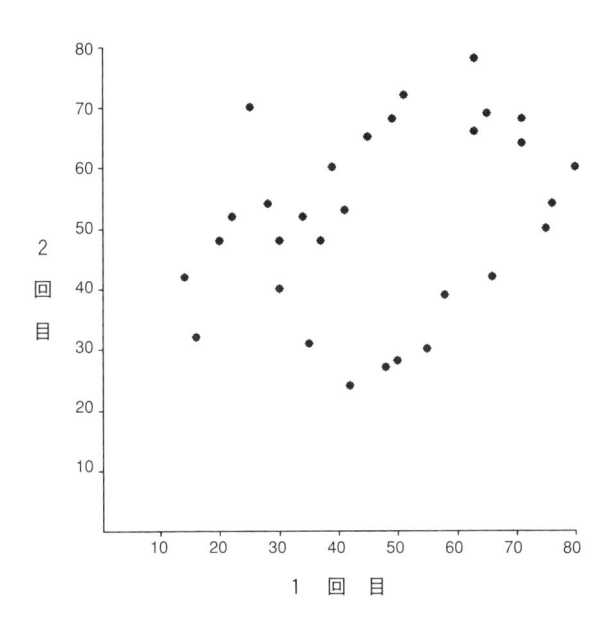

図3.3　信頼性係数(相関係数)0.3の場合の散布図

ら2回目のテスト結果を予測するのは困難である。

要約すると，信頼性係数が0.8の場合は，かなり強い関係があるが，それでも散布図を見ると，1回目と2回目のテスト結果はかなり食い違う。信頼性係数が0.6だと1回目と2回目のテスト結果の食い違いはさらに大きくなる。信頼性係数が0.3だと，1回目と2回目の得点はあまり関係がない。

4）希薄化の修正

相関係数はランダムな測定誤差に影響される。2つの変量の信頼性係数が完全に正確に推定できる場合は，2つの変量の相関係数は，

$$r_{X_t Y_t} = \frac{r_{XY}}{\sqrt{r_{XX'} r_{YY'}}}$$

である(Carmines & Zeller, 1979)。$r_{XX'}$は変量Xの信頼性係数，$r_{YY'}$は変量Yの信頼性係数，r_{XY}は2つの変量間の観測された相関係数，$r_{X_t Y_t}$が希薄化の修正を加えた相関係数である。

今，変量Xの信頼性係数が0.4，変量Yの信頼性係数が0.4として，観察された2変量間の相関係数を0.3としよう。すると，希薄化の修正を加えた相関係数は，

$$r_{X_t Y_t} = \frac{0.3}{\sqrt{0.4 \times 0.4}}$$
$$= 0.3/0.4$$
$$= 0.75$$

となる。つまり，2変量ともに信頼性係数が1で，測定誤差が存在しないという場合を想定すると，相関係数は0.75になる。

同様に，観察された相関係数が0.3で，変量Xと変量Yの信頼性係数が0.5，0.6，0.7，0.8，0.9，1.0であれば，希薄化の修正を加えた相関係数は，それぞれ，0.6，0.5，0.43，0.38，0.33，0.3となる。

2変量の信頼性係数が高くなると，相関係数の観察値と希薄化の修正値の違いは小さくなる。信頼性係数が0.80以上であれば，相関係数は希薄化の影響をあまり受けない。

0.90以上の信頼性係数が理想であるが，心理テストでは，このような高い値にするためには，多くの項目が必要になり，尺度の効率性が低下する。したがって，一般的な心理テストを作成する場合，信頼性係数は0.80以上という基準が妥当であろう。

4．合成得点の信頼性

　学力の総得点を求めるには，英語，国語，数学…など，各教科のテストの得点を単純合計する場合が多い。また，WISCなどの知能テストでは，動作性知能と言語性知能の得点を合計して総合知能を求める。学力の総得点や総合知能は，線形的に結合された合成得点と呼ぶ。
　個人pの線形合成得点は，

$$Z_p = w_0 + w_1 X_{p1} + w_2 X_{p2} + \cdots + w_k X_{pk}$$

と形式的に表現される。ここでw_iは得点を合成するときの重みである。

5．和得点

　学力の総得点や全教科の平均得点を求める場合も多い。両者とも数学的には等価である。フェルドとブレナン(Feldt & Brennan, 1989/1992)によれば，平均得点を求める場合は，$w_i = 1/k$であるから，

$$Z_p = \frac{1}{k}(w_1 X_{p1} + w_2 X_{p2} + \cdots + w_k X_{pk})$$

　このときの信頼性係数は，

$$r = 1 - \frac{\sum \sigma^2_{X_i}(1 - r_{X_i X'_i})}{k^2 \sigma^2_z}$$

となる。もし，下位テストが標準化されていれば，同一の標準偏差を持つので，

$$r = \frac{\left(\frac{1}{k-1}\right) \bar{r}_{X_i X'_i} + \bar{r}_{X_i X_j}}{\frac{1}{k-1} + \bar{r}_{X_i X_j}} \qquad (i \neq j)$$

と単純化される。ここで，$\bar{r}_{X_i X'_i}$は下位テストの信頼性係数の平均値，$\bar{r}_{X_i X_j}$は異なる下位テスト間の相関係数の平均値である。
　テスト間の相関がゼロ$\bar{r}_{X_i X_j} = 0$で古典的な平行テストの場合は，スピアマン-ブラウンの修正公式の結果と一致する。

$k=2$, $\bar{r}_{X_iX_i'}=0.80$, $\bar{r}_{X_iX_j}=0.2$ の場合,

$$r = \frac{\bar{r}_{X_iX_i'}+\bar{r}_{X_iX_j}}{1+\bar{r}_{X_iX_j}} \quad (i \neq j)$$

$$= \frac{0.80+0.2}{1+0.2}$$

$$= 0.83$$

$\bar{r}_{X_iX_j}=0.4$ の場合,

$$r = \frac{0.80+0.4}{1+0.4}$$

$$= 0.86$$

$\bar{r}_{X_iX_j}=0.6$ の場合,

$$r = \frac{0.80+0.6}{1+0.6}$$

$$= 0.88$$

となる。合成得点の信頼性は期待するほど上昇しない。

6．差得点

同一個人の2つの観測値間の差 $D=X_1-X_2$ は、学校での成績の上昇度の指標など、重要な意味を持つことがある。フェルドとブレナン(Feldt & Brennan, 1989/1992)によると、

$$r_D = 1 - \frac{\sigma^2_{X_2}(1-r_{X_2X_2'}) + \sigma^2_{X_1}(1-r_{X_1X_1'})}{\sigma^2_{(X_2-X_1)}}$$

となる。もし、性格検査のようにテストが標準化されていて、個人間の変動が一定であると仮定すると、

$$r = \frac{\bar{r}_{X_jX_j'}-r_{X_1X_2}}{1-r_{X_1X_2}}$$

と単純な形になる。ここで $\bar{r}_{X_jX_j'}$ は2つの得点の信頼性の平均である。信頼性の平均が0.80と仮定しよう。独立した尺度として作成されても、現実には0.2程度の相関があることが多い。そのような場合は、

$$r = \frac{0.80 - 0.20}{1 - 0.20}$$

$$= 0.75$$

となる。この場合の信頼性の低下は小さい。しかし，国語と英語など学力テストの場合や，現実自己と理想自己などという類似の心理学的構成概念間の相関は一般的に大きい。信頼性の平均が0.80と仮定し，相互相関を0.70とすると，

$$r = \frac{0.80 - 0.70}{1 - 0.70}$$

$$= 0.33$$

と，かなり低い値になる。このような低い値では妥当性は期待できない。

心理テストでは桑原(1985, 1986)が反対語の評定尺度得点の和と差を算出して，性格の「二面性テスト」を開発し，一般雑誌にも取り上げられた。しかし，差得点を利用していることから信頼性もかなり低いと推測される。ところが，信頼性の検討はまったく行なわれていない。

エリクソン(Erikson, E. H.)の発達理論の影響で，適応の指標として，現実自己と理想自己の差得点もよく利用されてきた。しかし，信頼性を明記した論文は見あたらない。例えば，遠藤(1992)は正と負の理想自己と現実自己を測定する尺度を作り，それぞれ差得点を求めた。各尺度も差得点も信頼性係数の報告はない。

WAIS-Rでも言語性IQと動作性IQの差得点はよく利用される。しかし，差得点の信頼性係数は検討されていない。村上と村上(2004)で指摘したが，日本版では言語性IQと動作性IQの信頼性の平均は0.93，相関は0.64であった。これを上記の公式に代入すると，

$$r = \frac{0.93 - 0.64}{1 - 0.64}$$

$$= 0.80$$

となる。信頼性の平均が高いので，差得点の信頼性は0.80と十分な値であるが，下位検査と同等であり，言語性IQと動作性IQの差を優先して解釈する方法の妥当性は見あたらない。

MMPI-1(ミネソタ多面人格目録)にも合成得点が採用されている。例えば，再検査信頼性(村上・村上，1994)をみると，K尺度の信頼性は0.877で，K修正の影響をみると，表3.1に示したように，すべて予想以上に低下している。

表3.1 K修正による信頼性の低下

Hs	0.893	Hs + 0.5K	0.829
Pd	0.815	Pd + 0.4K	0.747
Pt	0.936	Pt + 1K	0.806
Sc	0.900	Sc + 1K	0.766
Ma	0.816	Ma + 0.2K	0.769

ゴウルドバーグ指標(Gi)は，過去に精神病と神経症を弁別するためによく使用された。MMPI-1のGiはK修正なしの基本尺度得点を利用し，$Gi = L + Pa + Sc - Hy - Pt$で計算される。再検査信頼性係数はそれぞれ0.812, 0.765, 0.900, 0.789, 0.926であるが，Giは0.635と低下が著しい。尺度間相関が大きいためであろう。そのため，30点以下と70点以上の極端な得点の場合のみ解釈するとよい。

なお，K修正については，妥当性の証拠がないので，MMPI-1では計算するが，解釈には使用しない。また，MINI，MINI-124ではK修正の算出も行なわない。

7．標準誤差

真の性格特性は直接は測定できないが，心理テストの得点と相関があり，推定が可能としよう。X軸の値から垂線を上げ，散らばりの真ん中くらいから横に線を延ばし，Y軸の値を読みとれば真の値の推定値となる。簡単に理解できるように，かなりの誤差がある。つまり，図の点の散らばりが多いと誤差が大きく，少なければ誤差が小さくなる。なお，図3.4の相関係数は0.8である。

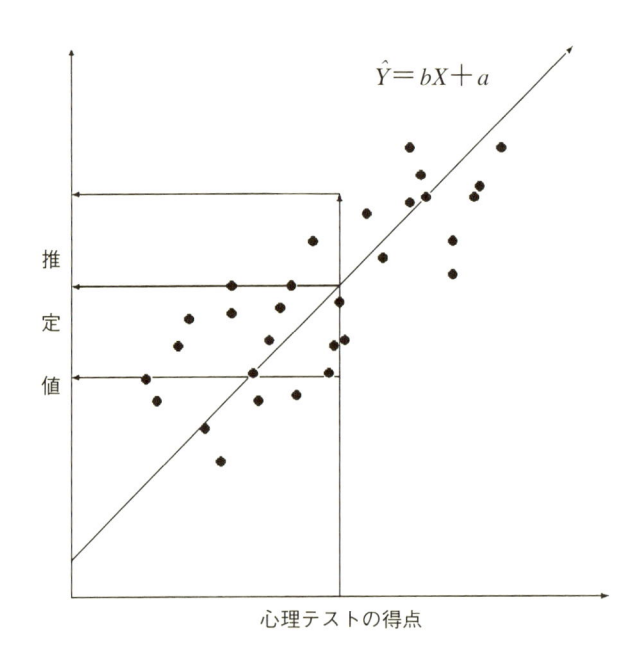

図3.4　真の性格特性と心理テストの得点の関係を表わした散布図

標準誤差(Standard Error of Measurment : SEM)は信頼性係数と類似の概念で，素点単位の誤差に焦点を当てたものである。標準誤差は，相関係数(信頼性係数)をrとすると，

$$SEM = SD_{test}\sqrt{(1-r)}$$

で定義される。性格検査の場合は平均50，標準偏差10で標準化されているので，$SD_{test}=$10である。すなわち，

$$SEM = 10\sqrt{(1-r)}$$

となる。$r=0.8$なら$SEM=4.47$となる。つまり，真の値は68％の確率で測定値±4.47の間にある。また，95％の確率(5％の危険率)では真の値は測定値±1.96SEMの間にある。例えば，あるテストで50点なら，真の値は68％の確率で50±4.47，95％の確率で50±8.8の間にある。

表3.2に相関(信頼性)係数と標準誤差の関係を示した。心理テストの得点が70で信頼性係数が0.8だと，真の値は95％の確率で61〜79点の間にあり，5％は60点以下，5％は80点以上である。信頼性係数が0.5以下であれば，真の値は70±14と誤差が大きくなる。信頼性係数が小さくなると，測定誤差が急速に大きくなり，測定の意味がなくなる。信頼性係数は最低0.8が必要であるという主張の根拠でもある。なお，知能テストの場合は，標準化の関係で，標準偏差は15である。

表3.2 相関(信頼性)係数と標準誤差と真の値(95％の確率)の関係

r	SEM	真の値
1.0	0.0	50
0.9	3.2	50 ± 6.3
0.8	4.5	50 ± 8.8
0.7	5.5	50 ± 10.8
0.6	6.3	50 ± 12.4
0.5	7.1	50 ± 13.9
0.4	7.7	50 ± 15.1
0.3	8.4	50 ± 16.5
0.2	8.9	50 ± 17.4
0.1	9.5	50 ± 18.6
0.0	10.0	50 ± 19.6

8．差得点の標準誤差

WAIS-Rでは言語性IQと動作性IQの差が解釈のうえで重要とみなされてきた。このような差の標準誤差(Standard Error of the Difference : SED)は，各標準誤差の幾何平均となる(Aiken, 1996 ; Anastasi & Urbina, 1997)。つまり，

$$SED = \sqrt{(SEM_1)^2+(SEM_2)^2}$$

である。心理テストの場合は2つのSDは同一であり，信頼性係数をr_1，r_2として，代入すると，

$$SED = SD\sqrt{2-r_1-r_2}$$

となる。WAIS-Rでは言語性IQと動作性IQの信頼性係数は0.96, 0.90であるから、それぞれの標準誤差は、

$$SEM = 15\sqrt{(1-0.96)}$$
$$= 3.13$$

$$SEM = 15\sqrt{(1-0.90)}$$
$$= 4.82$$

となる。一方、差得点の標準誤差は、

$$SED = 15\sqrt{2-0.96-0.90}$$
$$= 5.61$$

となり、かなり大きい。信頼性が低下していることがわかる。

9. 信頼性と妥当性の関係

再び、体重を測定する場面を想像してみよう。今、体重計の表示窓に65.0kgを指す針と目盛りを印刷した場合を想定してみよう。体重計は常に65.0kgを指す。リセットして何度乗っても65.0kgである。測定値の安定性は抜群で、信頼性係数は1.0という最高の値になる。しかし、この値は正しいだろうか。誰が乗ってもやはり65.0kgである。絶対に正しい値ではない。このとき、妥当性係数は0という最低の値になる。言い換えると、測定値の信頼性が高くても妥当性が高いとは限らない。

一方、非常に不安定な体重計を想像してみよう。ある時には65.0kg、ある時には75.0kg、ある時には45.0kgと非常に不安定で、特定の値を示さない。別の人が乗っても事情は同じで、95.0kg、50.0kg、40.0kgとまったく不安定である。つまり、信頼性係数は0である。この体重計は役に立つだろうか。もちろん、何の役にも立たない。妥当性係数も0である。

体重計の例で推論したように、テストの信頼性係数が低いと妥当性係数は必ず低い。しかし、信頼性係数が高くても妥当性係数が高いとは限らない。信頼性と妥当性の関係を箇条書きして図3.5に整

信頼性が高い	⇒	妥当性は不明
信頼性が低い	⇒	妥当性は低い
妥当性が高い	⇒	信頼性は高い
妥当性が低い	⇒	信頼性は不明

図3.5 信頼性と妥当性の関係

理しておこう。

　信頼性研究がテスト開発の最初の段階に位置づけられているのは，信頼性係数がある程度高くなければ，妥当性研究を行なう意義がないためである。信頼性が低い尺度は妥当性も低いので使ってはならない。新しい尺度を開発したら，まず信頼性研究を行なうべきである。そして，信頼性係数が0.5を下回った場合，その尺度は放棄すべきである。

　不思議なことに，多くの研究者はこのような単純・明快な原理を理解していない。新しい尺度を作成して信頼性研究はするが，信頼性係数がいくら低くても，尺度を破棄する人はほとんどいない。

　例えば，バウムテストについて，青木(1980)は被検者96名で8日間間隔で再検査信頼性を求めた。診断項目関係では，0.15〜0.55の範囲であった。文字の書き込みのϕ係数が0.55と高かっただけで，他の指標は0.3〜0.4である。すなわち，バウムテストの誤差分散は6〜7割あるので，妥当性の検証等を行なっても，はっきりした結果は得られるはずがない。臨床家の間では人気の高いテストであるが，とても心理テストとして使い物になるとは思えない。

　バウムテストが日本に紹介されて半世紀が経過したが，特にテストとして完成度が高まったわけではない。事例研究と称して，おみくじを繰り返し引いている印象を受ける。たまには印象深い，妥当性があるかにみえる結果は得られるだろう。しかし，今後，半世紀経過しても，心理テストとしては永遠に完成することはない。それは測定値の信頼性が低すぎるからである。

　同様に，カラーピラミッドテストの信頼性も低い。宗内(1983)によると，大学生73名（男性30名，女性43名）での3〜4か月の再検査信頼性係数は24色相別の好ピラミッドで男性が0.09〜0.76（平均0.29），女性が0.05〜0.60（平均0.22），嫌ピラミッドで男性が0.01〜0.78（平均0.37），女性が0.09〜0.67（平均0.30）である。被検者数があまりにも少ないこと，再検査期間が長く，安定性係数と呼ぶべき内容であることを除外しても，信頼性係数はあまりにも低い。誤差分散が7割くらいある。こうなると妥当性は期待できない。

　市販されている関係で，宗内はまだ研究を続けているが[*1]，四半世紀経っても解釈仮説に関する妥当性係数の報告はない。筆者の考えでは，研究の方向性が間違っている。カラーピラミッドテストは放棄すべきであり，決して妥当性の高い心理テストには成長しない。おそらく宗内はカラーピラミッドテストに強いこだわりがあり，信頼性係数が低くても放棄できなかったのである。臨床分野で好んで使われる描画法などは概してこのパタンである。

　最後に，内田-クレペリン検査を取り上げておこう。村上(2005a)でも批判したが，加算作業曲線を作業量と変動量の観点から定型・非定型に分類し，異常者を判定しようとするテストである。多くの研究はあるが，定型，非定型が正常者，異常者に対応する証拠はない。生和(1971)によると，

①作業量の信頼性係数は0.84から0.89の間で，どのグループでも非常に高かった。
②変動量Pf値の信頼性係数は0.27から0.41の間でかなり低い。
③1回目の検査では定型が半数であるが，検査を反復すると，定型の出現率が顕著に低下する。大学生，看護学生群は半減し，中学生群では6回目に12％にもなった。

という。生和(1971)と柏木(1975)の研究をまとめると，作業量と誤答は信頼性係数が高く，心理テストとして使える水準である。しかし，変動量の信頼性係数は低く，0.3〜0.4程度と推定される。使い物になる水準ではない。ところが，内田-クレペリン検査は，変動量を情緒不安定の指標として，積極的に解釈に使用する。解釈の妥当性の証拠はない。

柏木と山田(1995)は内田-クレペリン検査の指標とビッグファイブ(Big Five)の性格特性との関係を調べ，無相関でないことは証明したが，その相関は非常に小さく，妥当性の証拠とはみなせない。内田-クレペリン検査のPf値と情緒不安定性との関連性は最大でも0.1程度だろう。内田-クレペリン検査の研究は消滅しつつあるが，このように長い間，研究が続いたのは，商業的に成功を収めたからであり，テストとして完成度が高いからではない。

この半世紀の間に内田-クレペリン検査はすばらしい心理テストに成長しただろうか。否である。信頼性の低いテストは妥当性も低いという，単純で，根本的な原則を直視しなかった結果である。おみくじを何度か引けば多少はよい結果も出るだろう。しかし，図3.5の原則は超えられない。

10. 一般化可能性理論における信頼性

今までに説明した古典的テスト理論による信頼性係数の計算式は，

$$X_{ij} = a_j T_i + b_j + E_{ij}$$

というモデルから導かれている。すなわち，測定値は真値と定数と誤差の合成得点である。古典的テスト理論では誤差成分は一まとめにされるが，現実には誤差成分はさまざまな要因から起因する。例えば，ある人があるテストを受検する場合，受検者の特性（能力）の違い，テスト問題の違い，採点者（採点方法）の違いなどがテスト得点の観測値に影響する。誤差要因も主として3つの要因から由来すると想定される。

一般化可能性理論では，周到な実験計画を立てて，分散分析の手法の応用からそれぞれの要因の影響力を測ろうとする。例えば，2相完全クロス計画では，n個の課題，N人の受検者，r人の採点者(採点方法)の場合を考え，$N \times n \times r$のすべての組み合わせについて観測データを収集し，各相の主効果，交互作用などを元に各分散の成分を特定する。

古典的テスト理論で真値に相当するものが，全受検者母集団を通じての平均で，母得点

(universe score)と呼ばれる。母得点の分散が$\sigma^2(\gamma)$である。

母得点と観測値の差の分散を$\sigma^2(\Delta)$とすると，信頼度指数(index of dependability)は，

$$\Phi = \frac{\sigma^2(\gamma)}{\sigma^2(\gamma) + \sigma^2(\Delta)}$$

で定義される。

一方，受検者の母得点の偏差と母平均からの測定値の偏差との差を$\sigma^2(\delta)$とすると，

$$G = \frac{\sigma^2(\gamma)}{\sigma^2(\gamma) + \sigma^2(\delta)}$$

が定義できる。これを一般化可能性係数と呼ぶ。古典的テスト理論における信頼性係数に該当する概念である。

一般化可能性理論の利点は，被検者の要因の影響力を分離できることである。欠点は研究計画や計算が複雑で，多くの被検者が必要になり，研究にコストがかかることである。また，標本誤差の問題をどうすればよいか，不明である。まだ，現実の心理テストでは，この理論に基づく信頼性係数はほとんど報告されていない。詳細は，池田(1994)やフェルドとブレナン(Feldt & Brennan, 1989/1992)を参照していただきたい。

11. 項目反応理論における信頼性

項目反応理論は，古典的テスト理論や一般化可能性理論が尺度得点という合成変量のみを取り扱うのに対して，1つひとつの項目に焦点を当てて記述する数学モデルである。項目反応理論は，項目の困難度(通過率)，弁別力，当て推量などのパラメタを仮定し，潜在特性(能力)θとの関係を，指数関数や正規分布の累積分布で近似するモデルである。

信頼性については，古典的テスト理論と同様に，

$$\hat{\theta} = \theta + e$$

という関係を仮定する。$\hat{\theta}$は潜在特性の推定値，θは潜在特性，eは誤差である。それぞれ古典的テスト理論の測定値，真値，誤差に相当する。この測定値の分散は，古典的テスト理論と同様に，潜在特性の分散と誤差分散の和になる。それで，信頼性係数は，

$$r = \frac{\sigma_\theta^2}{\sigma_\theta^2 + \sigma_e^2}$$

で定義される。

古典的テスト理論の信頼性係数は尺度値には依存しないが，項目反応理論の信頼性係数

は母平均や母標準偏差に規定されるので，潜在特性の値に応じて値は変化する（豊田, 2002a）。また，項目反応理論によると，古典的テスト理論は，数学的には項目反応理論の第一段階の近似であり（Holland & Hoskens, 2002），両理論の信頼性係数の定義式が類似しているのは，そのためである。なお，項目反応理論では信頼性係数よりも，テスト情報曲線やテスト特性曲線が報告されることが多い。

＊1　http://homepage1.nifty.com/muneuchi/CPT/cptindex.htm

第4章 妥当性

1. 妥当性とは

　すでに説明したように、信頼性は測定値の安定性や一貫性を意味し、妥当性(validity)は測定値の正しさを指す概念である。心理テストは作成した所定の目的を正しく測定すべきである。しかし、測定値の正しさとは何だろうか。正確に表現するのは難しい。

　「外向性」尺度を作成する場合を想定してみよう。「外向的な人の行動特徴」を思い浮かべて、質問項目を執筆して集めれば尺度は作成できる。しかし、このような単純な手続きではよい尺度はできない。

　例えば、作成者は外向的な人の行動特徴を網羅しただろうか。また、作成者の外向性の概念は正しいだろうか。外向性はマクロ的な性格特性で、研究者によって考え方が大きく異なっている。例えば、アイゼンク(Eysenck, 1990)は外向性を社交的、陽気、活動的、主張的、刺激探求的、無責任、支配的、激情的、大胆の下位因子から構成されると考えたし、マクレイとコスタ(McCrae & Costa, 1985)は外向性の側面因子として、温かさ、群居性、主張性、活動性、興奮探索、肯定的情動を仮定した。また、村上と村上(2001)のBigFiveの外向性尺度は、ゴウルドバーグのチェックリスト(Goldberg, 1990)を元にしているため、外向的、精力的、おしゃべり、勇敢、活発、でしゃばり、冒険的という形容詞をターゲットとしている。

　作成した外向性尺度は何を測定するのだろうか。外向性尺度は一般的な意味での社会性に関係がなく、友達づきあいの程度(群居性)を測っているだけかもしれない。また、極端に外向的な人は、外向的な意識がなく、作成者が想定したような回答をしないかもしれない。このような場合、本当に外向的な人が高得点をとるとは限らない。哲学的に深く思考し、議論しても何も始まらない。心理学は実証の学問である。

　妥当性のいちばん簡単な検証方法は、外向性尺度を多数の被検者に実施すると同時に、各被検者の外向性の程度を友人に評価させて、関連性を調べることである。これを仲間評定と呼ぶ。外向性尺度と仲間評定の得点との相関係数が大きければ関連性が大きいので、妥当性も高いと評価できる。これを妥当性係数と呼ぶ。妥当性係数は0～1の実数値であるため、妥当性の程度を正確に表現できる。

　職業適性検査のような場合は、実際の職場での仕事量や質との相関を調べるとよい。仕事量や質を数量化した記録があればベストであるが、なければ職場の同僚による主観評定や、上司による主観評定を用いる場合もある。セールスマンのような場合では、単純に売上高を外部基準としてもよい。心理テストによって、どのような外部基準を採用すればよ

いかは異なる。また、外部基準の信頼性や妥当性(正しさ)も問題になる。

現在では、妥当性は単一の統一概念とされる。しかし、完全に統一されたかは疑問である。さまざまな理論的背景から、異なる妥当性の概念が提案されてきた。日本では混乱と誤用が広がってしまった。ここでは複雑な議論は避け、アンゴフ(Angoff, 1988)、メシック(Messick, 1989/1992)、ケイン(Kane, 2001)に従って、簡単に歴史的推移をふり返ることにしよう。

2. 歴史的推移

妥当性は心理測定上、最も重要な概念であるので、歴史的にもかなり古くから議論されてきた。すでに説明したように、テストが選抜に使われる場合、テスト得点と予想される行動傾向(外部基準)との相関が妥当性を現わす。この基準関連的な妥当性概念が最も古い。

ビンガム(Bingham, 1937)は、妥当性をテスト得点と他の客観的な測度との相関であると操作的に定義した。また、ギルファド(Guilford, 1946)は「極めて一般的な意味で、テストはそれと相関するものなら何に対しても妥当である」と述べた。一方、キュアトン(Cureton, 1950)は真のテスト得点と真の外部基準の得点との相関で妥当性を定義し、観察されたテスト得点と観察された外部基準の得点との相関を予測力と定義した。

基準関連妥当性は外部基準を正しく測定できる場合は有用であるが、外部基準は常に正しく測定できるとは限らない。特に、学力テストには、妥当性の根拠となる外部基準はほとんど存在しない。したがって、テスト内容が測定目的にふさわしいかは、専門家の判断が重要になった。これが内容的妥当性である。ただ、内容的妥当性は専門家の主観的なバイアスの影響を受けやすく、批判の対象となった。そこで登場したのが、構成概念妥当性である。

構成概念妥当性は、テスト得点が心理学的構成概念にとってどの程度ふさわしいかを評価する。構成概念は直接観察されないし、調査や実験を繰り返さないと検証できない。したがって、構成概念妥当性は、長年月かけてやっと確認される。構成概念妥当性は、基準関連妥当性と内容的妥当性を含む上位概念であり、しだいに、それらに代わる概念として使用されるようになった。

アメリカの教育学会、心理学会、教育測定協議会の合同委員会は1954年から専門家に対する勧告やスタンダードとして妥当性の概念を整理している。その流れを調べると、まず、1954年には専門的勧告として、内容的妥当性、予測的妥当性、併存的妥当性、構成概念妥当性の4つが区別された。しかし1966年のスタンダードでは、予測的妥当性と併存的妥当性を合併し、内容的妥当性、基準関連妥当性、構成概念妥当性の3つのタイプとした。

1974年のスタンダードでも、この区別は維持されたが、便宜的に独立して論じられるだけで、「互いに操作的、あるいは、論理的に関係した妥当性の側面」と位置づけられた。

内容的妥当性を専門家による状況や内容適切性の判断以上のものとし，回答の一貫性を示す必要も指摘した。また，テストのバイアスや誤用など社会的影響にも配慮した内容となった。

1985年のスタンダードでは妥当性を「テスト得点を用いたある特定の推論が，適切であるか，意味があるか，有用であるかを示す」と定義し，「テストの妥当化とは，かかる推論を裏付けるための証拠を累積するプロセスである」とした(AERA, APA & NCME, 1985/1993)。伝統的な妥当化の手段を，内容に関連した妥当性の証拠，基準に関連した妥当性の証拠，構成概念に関連した妥当性の証拠としたが，妥当性に別々のタイプが存在するのではないとした。

2002年のスタンダードでも妥当性の定義は1985年と同じで，妥当性を単一の概念としてとらえている。2002年のスタンダードは妥当性の証拠を幅広く規定した点で1985年と異なっている。妥当性の証拠は，テスト内容に基づく証拠，被検者の反応過程に基づく証拠，テストの内部構造に基づく証拠，テスト得点と他の外部変量との関係に基づく証拠（収束的・弁別的証拠，基準関連的証拠，妥当性の一般化），テストの社会的重要性(social consequence)の証拠に区分された(AERA, APA & NCME, 2002)。

アメリカでは妥当性概念に決着がついたかにみえるが，妥当性概念は複雑で反論も多い。例えば，ポパムとIOX(Popham & IOX Assessment Associates, 1997)は1985年のスタンダードの妥当性概念のほうが明確で有用で，テストの社会的重要性は測定値の妥当性に無用な混乱をもたらすだろうと主張した。

ボースブームら(Borsboom et al., 2004)は極端で，現在の妥当性の概念は相関的で，非常に曖昧である，妥当性は本当に存在する属性と測定値が因果的関係を持つべきと主張した。このように妥当性の概念は，2002年のスタンダードで概念の拡散が起こり，再吟味の時期に入りつつある。

3．古典的概念の再検討

妥当性の概念は拡張されて，複雑になってしまい，理解しづらくなった。アメリカの妥当性概念の変化を理解するには，まず，1950年代から区分されてきた，基準関連妥当性，内容的妥当性，構成概念妥当性を検討することが必要であろう。

1）基準関連妥当性

基準関連妥当性(criterion-related validity)は，測定値と問題にしている特性や行動の直接の測度になると考えられる複数の外部変量(基準変量)との間の相関係数や回帰係数で評価される。基準関連妥当性は単純，素朴な概念で，質問内容とはまったく関係がない。外部基準との相関が高ければ有用な尺度であり，相関が低ければ役立たない尺度である。

基準関連妥当性は，尺度得点が個人の将来をどの程度予測するかという予測的妥当性(predictive validity)と，尺度得点が他の類似の尺度得点とどのような関係を持つのかという併存的妥当性(concurrent validity)に区分された。外部基準としては，仲間評定や上司の評定などの性格や行動の評価や，セールスマン等の場合は売上高などがある。
　外部基準も何らかの測定値であり，測定誤差が含まれている。これを基準の汚染(criterion contamination)と呼ぶ。外部変量の信頼性をr_y，テストの信頼性をr_xとすると，そのテストの妥当性の理論的最大値rは，

$$r = \sqrt{r_x r_y}$$

となる(Gregory, 1992)。$0 \leq r_y \leq 1$なので，

$$r \leq \sqrt{r_x}$$

となる。つまり，妥当性係数≤√信頼性係数である。
　併存的妥当性には以下の要件がある(Gregory, 1992)。

①既存のテストは適切な外的な行動的データとの相関で，その妥当性が証明されていなければならない。
②新しいテストは基準となる既存のテストと同じ構成概念を測定すると証明されていなければならない。

　日本の研究者はこの2つの要件を意識していない。新しいテストが任意の既存のテストと相関がありさえすればよいと思っている。さらに，日本では基準関連妥当性が確認されたテストはあまりないという，単純だが最大の問題が存在する。
　例えば，村上と村上(2004)で指摘したが，日本版WAIS-Rの併存的妥当性研究は，日本版WAISとWAIS-Rを25～44歳の被検者40名に3～6週間間隔で実施し，全検査IQで0.88，言語性IQで0.91，動作性IQで0.77の相関があったという(品川ら，1990)。しかし，日本版WAIS(児玉ら，1958)には妥当性を証明する証拠は1つもない。つまり，日本版WAIS-Rは妥当性が不明の日本版WAISとの相関を証明しただけで，結局，日本版WAIS-Rも妥当性は不明である。しかも，被検者数は40名と少ないので相関係数は不安定で，共通の検査問題が多いので相関係数も高い値となるのは当然である。もう少し，まともな妥当性研究をすべきであろう。

2）内容的妥当性

　基準関連妥当性は外部基準がなければ評価できない。そして，学力テストのように明確な外部基準が存在しない場合は多い。また，基準関連妥当性はテスト項目の意味内容を無視して定義されるので，抽象思考の乏しい心理学者は，大きな心理抵抗を感じたはずであ

る。そこで内容的妥当性(content validity)という概念が台頭した。これは，テスト項目の内容が結論を引き出そうとする一群の状況や教材見本をどれだけ表現しているかに関係する概念である。質問項目やテスト問題が測定目的に一致しているかが評価の対象になる。

　学力テストの例をあげると，数学のテスト問題が計算問題のみから構成されていた場合，数学のテストは数学能力を測定するものではなく，計算能力のみしか測定しないと判断できる。同様にして心理テストの場合も外向性－内向性を測定する場合，社交性や外向性に関係しない質問項目が多ければ，テストの内容的妥当性は乏しいと表現する。

　内容的妥当性を評価するには複数の専門家がテスト項目を熟読し，内容との関連性を数値評価し，専門家の判断間の一致率や相関係数を調べる方法がある。2名の専門家がテスト項目を注意深く読み，テストの測定対象とどの程度関係しているのかを，①関係ない，②多少関係がある，③かなり関係がある，で評価するとしよう。各項目ごとに一対の数値が得られるので，全項目の対データを利用すれば，相関係数が算出できる。数値を安定させるためには，多くの専門家の評価平均を利用したほうがよい。

　メシック(Messick, 1975)は，内容的妥当性には根本的な欠陥があり，基本的なところで妥当性の資格を持っていないという。つまり，内容的妥当性はテスト項目自体にしか関係しておらず，受検者の態度や回答傾向とは無関係である。

　例えば，1930年代によく使われたバーンロイタ性格検査には「他人に批判的です」という質問項目があり，当時の精神科医はこれに「はい」と回答することは「分裂病質的」とみなしていた。ところが，ランディスとカッツ(Landis & Katz, 1934)によると，この項目の是認率は正常者で69％，精神分裂病患者で39％，躁うつ病患者で29％で，精神科医の予想とは逆の結果であった。つまり，精神科医による判断では内容的妥当性が高いが，基準関連妥当性は低い。

　このように，正常範囲からはずれた集団では，内容的妥当性と基準関連妥当性はしばしば矛盾する。例えば，非行，犯罪，精神障害等の診断や弁別を目的とする場合，内容的妥当性を元に尺度構成すると，妥当性が低くなってしまう。

3）構成概念妥当性

　構成概念妥当性(construct validity)は尺度得点の解釈や意味に影響するあらゆる証拠を集成し，統合したものである。つまり，構成概念妥当性は，心理学的構成概念(psychological construct)に対応する，項目の内容的な適切性や代表性と，理論的に予測される外部基準との関連性も包含した，より広範囲な妥当性概念である。構成概念は直接的に測定できないが，尺度得点と理論から予測される現象との相関係数を計算すれば定量的な評価が可能である。この場合，基準関連妥当性との明白な区別はなくなる。

　クロンバックとミール(Cronbach & Meehl, 1955)によれば，心理学的構成概念は「純粋な記述」に非常に近い概念から，仮説として取り上げた実体や，過程を含む高度に理論的な構成概念や，他の科学と同一の構成概念まで変化に富んでいた。そのため，心理学的

構成概念の正当性を保証する必要があった。妥当性の証拠には，内容的妥当性，項目間相関，興味との相関，テストと基準との相関，テストの安定性，実験的介入下での安定性などがあった。その結果，構成概念妥当性は内容的妥当性や基準関連妥当性を包含したが，一方，定義は曖昧で複雑であり，妥当性の評価は単一の妥当性係数では表現できなくなった。

　結局，クロンバックとミールは，心理学的構成概念を正当化するために，妥当性の概念を拡張した。構成概念妥当性は単一の妥当性係数で表現できないので，すべての心理テストの妥当性は1つの作業仮説として暫定的に正当化され得る。構成概念妥当性という概念は，研究の遂行を促進するうえで効果的であった。

　構成概念妥当性は基準関連妥当性や内容的妥当性などを含む，複数の証拠に基づいて評価される概念である。ところが，基準関連妥当性は，項目に対する受検者の反応に焦点を当てた概念で，内容的妥当性は項目内容自体に焦点を当てた概念である。したがって，両概念間にはどうしても解決できない矛盾がある。構成概念妥当性はそれらの統合によって評価されるが，心理テストが適切であるという判断が研究者の主観的評価でなされる傾向も強まった。

4．妥当性概念の整理

　妥当性概念は複雑で，研究者の間でも混乱や誤解が広がっている。ここでも最上位の包括的概念として構成概念妥当性を位置づけよう。構成概念妥当性は研究者が心理学の理論や概念に一致すると判断して確認されるが，一致するという判断の根拠や一致の程度も定量的に示すべきであろう。

　例えば，ストレスを想定し，入力から出力にいたる単純なストレス・モデルを考えよう。つまり，外的刺激の「ストレッサー」が心理的な「ストレス状態」を引き起こし，「心理的ストレス反応」が引き起こされる。ここでストレス状態を測定する尺度を構成したとすると，ストレス尺度は適切な内容的妥当性を確保すると同時に，ストレス反応としてのうつ状態などの心理的反応を予測すべきであり，職場の欠勤率等とも関係がなければならない。ストレッサー，ストレス状態，心理的ストレス反応をそれぞれ測定する測度を用いて，共分散構造分析等の解析をすれば，モデルの適合度も評価できるだろう。

　ストレス尺度は，内容的妥当性の証拠，基準関連妥当性の証拠，ストレス・モデルとしての評価などの証拠を含むべきである。もし，ストレス尺度がうつ状態などの心理的反応をまったく予測しないのであれば，ほとんど意味のない尺度である。構成概念妥当性は基準関連的証拠を1つ以上含むべきであり，そのような尺度構成を行なわなければ有用な心理テストとはなり得ない。

　妥当性(構成概念妥当性)の要件を以下に列挙しておこう。

①予測力：基準関連妥当性の1つで，心理テストと外的基準との相関係数や回帰係数で報告される。
②他のテストとの相関：基準関連妥当性の1つで，同じ構成概念を測定する既存の尺度との相関係数で報告される。
③妥当性の一般化：尺度作成に用いた集団とは異なった被検者集団での妥当性研究である。一般的に被検者集団が異なると，基準関連妥当性が低下する傾向がある。技術的に難しい点はないが，研究例は少ない。
④内容適切性：複数の専門家による内容適切性の評定の相関係数などで報告される。ただし，研究者による主観的判断が多く，数値による報告例は少ない。
⑤内的整合性：尺度項目間の類似度の指標で，内容適切性の1つの証拠。ただし，内的整合性の指標α係数は信頼性係数の一種でもある。
⑥因子分析：因子負荷量は因子と項目との関係を表わすので，項目を1つの尺度に構成する1つの根拠となる。内容適切性の1つである。ただし，因子負荷量の大きさの判断は研究者の主観にゆだねられる場合が多い。
⑦弁別力：新規の心理テストは所定の構成概念に関係する変量とのみ相関を持つべきである(Campbell & Fiske, 1959)。例えば，ストレス尺度はストレス状態の測度とは相関すべきであるが，他の精神状態や病理的変化の測度とは相関があってはならない。ただ，複数の構成概念を対象に，複数の手段で同時に測定し相関を調べる必要があり，研究例はほとんどない。
⑧実験的介入：ある構成概念が実験的介入の前後で変化する予測が成り立つ場合，その構成概念を測定する尺度がその変化を反映するなら，妥当性の1つの根拠となる。例えば，ストレス尺度の場合であれば，実験的介入によってストレス状態を変化させれば，尺度はその変化を反映しなければならない。
⑨モデルとの適合性：回帰分析，パス解析，共分散構造分析等によって，構成概念を用いたモデルの適合度を調べることができる(豊田, 1998)。モデルとの適合度が高ければ，所定の構成概念を測定する尺度の妥当性の根拠となる。ただし，各尺度の信頼性や基準関連妥当性の研究も行なわずに共分散構造分析を適用している研究が多い。適合度の指標も多く，解釈も曖昧であるので，注意が必要である。

その他，アメリカではテスト結果の社会的重要性などもリストアップされているが，評価方法はないに等しいし，ポパムのように，妥当性概念に混乱をもたらすという批判もある。筆者もテストの社会的重要性と測定値の妥当性の問題は切り離したほうがよいと考えるので，ここでは除外した。

5．偽の妥当性

　表面的妥当性，社会的妥当性，因子的妥当性，臨床的妥当性の概念は，妥当性概念の誤用である。もし，テストに真の意味での妥当性があれば，基準関連的な証拠もあるはずである。以下に示す妥当性概念の使用は避けたほうが賢明である。

①表面的妥当性(facial validity)：テストを実施する人や受検する人がその正しさを主観的に判断したものである。表面的妥当性が高ければテストは受検者や社会にとって受け入れられやすい。社会的妥当性(social validity)も表面的妥当性とほとんど同じ概念で，障害児教育，社会福祉，保健医学，法律などの領域で用いられ，ある行為やテストが社会にとってふさわしいものかという観点から評価される。両概念ともテスト本来の妥当性とは無関係である。最近のテストの社会的重要性という概念も，表面的妥当性と類似している。

②因子的妥当性(factorial validity)：テストの構成因子が定まった後に，そのテストの因子と他の指標との相関係数で評価される(Anastasi & Urbina, 1997)。例えば，語彙テストと言語理解因子が0.66の相関があれば，語彙テストの因子的妥当性は0.66であると表現する。基準関連妥当性の1つである。日本では異なった被検者集団で類似した因子構造が得られた場合によく使われるが，これは因子の再現性(信頼性)であり，誤用であろう。

③臨床的妥当性(clinical validity)：客観的な証拠に基づかず，臨床家の直感や洞察に基づいてテストの有用性を評価した概念である。もともとはクロッパー(Klopfer, B.)が1940年代にロールシャッハ・テストの有用性を主張するために提案し，1950年代に広く用いられるようになった(Wood et al., 2003)。しかし，臨床家の直感は確信バイアス(conformation bias)に左右されがちである。客観的な証拠があれば，基準関連妥当性として評価できるので，今日ではこの概念は使用すべきではない。

6．妥当性係数の意味

　妥当性(構成概念妥当性)は，基準関連的証拠，内容的証拠，弁別的証拠，実験的証拠，モデルとの適合性などを含む総合的概念である。心理テストは特定の心理現象や行動を予測すべきである。もし，心理テストが外部基準とまったく関係がなければ，予測力はゼロで，そのテストの存在意義はない。そこで，心理テストの妥当性を示す場合，基準関連的証拠を1つ以上示すべきである。

　妥当性係数は，心理テストと外部基準との相関係数である。外部基準には仲間評定，上

司による評定，学力・給与などの客観的数値などがある。外部基準の測定値にも妥当性と信頼性の問題があり，何を外部基準とするかによって妥当性係数は異なってくる。また，相関係数はサンプルに依存する数値であり，変化に富んだ多様な被検者集団の場合には値が大きくなるが，選抜された変化の乏しい被検者集団では値が小さくなる。

妥当性係数にもさまざまな欠点はあるが，外部基準との関係を端的に定量的に示す数値としての意義は大きい。妥当性係数の大きさに応じて，予測誤差ははっきりと減少し，信頼区間も狭まる。

予測標準誤差(Standard Error：SE)は次の式で定義される。

$$SE = SD_y\sqrt{1-r^2}$$

SD_yは予測変量(外部変量)の標準偏差，r^2は妥当性係数の2乗である。性格検査の場合は平均50，標準偏差10(知能検査は平均100，標準偏差15)で標準化されているので，

$$SE = 10\sqrt{1-r^2}$$

となる。テストの得点をXとすると，68％の確率で真の値は$X \pm SE$にあると推論できる。表4.1に具体的な数値を示そう。

性格検査では70点は正常範囲を超える異常値である。妥当性係数が0.8の場合，真の値は68％の確率で64～76点の間にあり，16％は63点以下，16％は77点以上である。予測標準誤差は妥当性係数が低下すると，急速に低下する。妥当性係数が0.3以下であれば，70±9.5となり，妥当性係数0の場合と大差がない。このような場合，テストの予測力はほとんどない。

知能検査の場合は，標準偏差が15で標準化されているので，予測標準誤差は性格検査の1.5倍である。IQが100であっても，妥当性係数が0.8なら真の値は68％の確率で91～109の間である。

表4.1：妥当性係数と予測標準誤差と真の値(68％の確率)の関係

r	SE	真の値
1.0	0	X
0.9	4.4	X ± 4.4
0.8	6.0	X ± 6.0
0.7	7.1	X ± 7.1
0.6	8.0	X ± 8.0
0.5	8.6	X ± 8.6
0.4	9.1	X ± 9.1
0.3	9.5	X ± 9.5
0.2	9.8	X ± 9.8
0.1	9.9	X ± 9.9
0	10.0	X ± 10.0

7．妥当性係数と選抜

就職試験や公務員・教員の採用試験では，心理テストを適性検査として利用し，選抜に用いている。図4.1は，図3.3(p.39参照)の散布図(この場合の妥当性係数は0.309)を加工して，仮想的に縦軸を仕事での達成水準(外部基準)，横軸をテスト得点とした。心理テストによる合否を決めるラインが垂直線で，その右側が採用，左側が不採用の人である。水

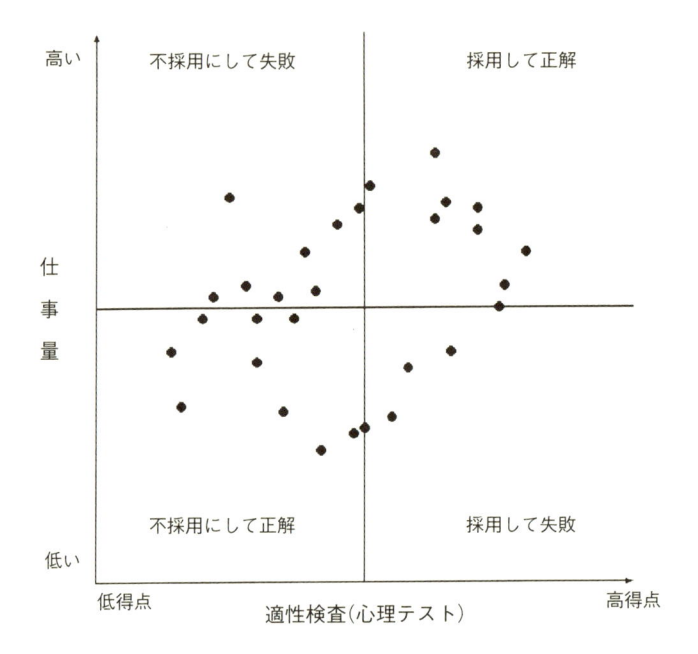

図中ラベル:
- 縦軸: 仕事量（高い／低い）
- 横軸: 適性検査（心理テスト）（低得点／高得点）
- 左上: 不採用にして失敗
- 右上: 採用して正解
- 左下: 不採用にして正解
- 右下: 採用して失敗

図4.1　心理テストを採用試験の選抜に利用した場合

平線は仕事量という外部基準を基準に人を分割したものである。水平線より上に分布する人は仕事量が多く採用して正解だった人，下に分布する人は仕事量が少なく採用して失敗だった人である。採用されなかった人は仕事もしないので，垂線の左側のデータは実際には存在しない。

　心理テストのみで選抜を行なうと，垂直線の右側に分布する人が採用される。右上に分布する人は仕事量が多く，採用して正解だった人である。ところが，右下に分布する人は仕事量が少なく，採用して失敗だった。同様に，左上に分布する人は仕事量が多くて採用すべきだったが，心理テストで誤って不採用にした人，左下に分布する人は心理テストで不採用にし，しかもそれが正解だった人である。心理テストで予測が当たったのは右上と左下に分布する人，予測がはずれたのは右下と左上に分布する人である。

　この図の場合は散布図が円状に広がっているが，妥当性が高ければ細長い右上がりの楕円状の分布となるので，予測が当たる確率はふえる。また，テストの妥当性係数が低くても，競争率が高く，少人数しか採用しない場合，心理テストでの合否ラインは高得点側に移動する。その結果，仕事量の少ない人の数が減り，予測が当たる確率が高まる。

　このあたりの事情を統計的な観点からまとめたのがテイラとラッセル（Taylor &

表4.2　選抜が成功する場合の確率（基礎比率が0.60の場合）

妥当性	選抜比										
	.05	.10	.20	.30	.40	.50	.60	.70	.80	.90	.95
.00	.60	.60	.60	.60	.60	.60	.60	.60	.60	.60	.60
.05	.64	.63	.63	.62	.62	.62	.61	.61	.61	.60	.60
.10	.68	.67	.65	.64	.64	.63	.63	.62	.61	.61	.60
.15	.71	.70	.68	.67	.66	.65	.64	.63	.62	.61	.61
.20	.75	.73	.71	.69	.67	.66	.65	.64	.63	.62	.61
.25	.78	.76	.73	.71	.69	.68	.66	.65	.63	.62	.61
.30	.82	.79	.76	.73	.71	.69	.68	.66	.64	.62	.61
.35	.85	.82	.78	.75	.73	.71	.69	.67	.65	.63	.62
.40	.88	.85	.81	.78	.75	.73	.70	.68	.66	.63	.62
.45	.90	.87	.83	.80	.77	.74	.72	.69	.66	.64	.62
.50	.93	.90	.86	.82	.79	.76	.73	.70	.67	.64	.62
.55	.95	.92	.88	.84	.81	.78	.75	.71	.68	.64	.62
.60	.96	.94	.90	.87	.83	.80	.76	.73	.69	.65	.63
.65	.98	.96	.92	.89	.85	.82	.78	.74	.70	.65	.63
.70	.99	.97	.94	.91	.87	.84	.80	.75	.71	.66	.63
.75	.99	.99	.96	.93	.90	.86	.81	.77	.71	.66	.63
.80	1.00	.99	.98	.95	.92	.88	.83	.78	.72	.66	.63
.85	1.00	1.00	.99	.97	.95	.91	.86	.80	.73	.66	.63
.90	1.00	1.00	1.00	.99	.97	.94	.88	.82	.74	.67	.63
.95	1.00	1.00	1.00	1.00	.99	.97	.92	.84	.75	.67	.63
1.00	1.00	1.00	1.00	1.00	1.00	1.00	1.00	.86	.75	.67	.63

Russell, 1939)の表4.2である。基礎比率，選抜比，妥当性係数の3つの値が既知の場合，採用して正解だった人の割合を示す。選抜比とは採用数／応募者である。また，基礎比率とは仕事量が多く，雇って正解だった場合の確率である。これは0.60と仮定されている。

選抜比が10人に1人という低い値は図4.1の合否ラインが右側に移動した状態，選抜比が0.95という高い値はほとんどの応募者が採用されるという場合で，合否ラインが左側に移動した状態である。全員を採用した場合の成功率が0.60で，これが基礎確率である。

妥当性係数が0.20や0.30の心理テストでも，選抜比が低い場合は成功率の改善がみられるが，選抜比が中程度の場合は0.05程度しか成功率が改善されない。一方，妥当性係数が0.70や0.80の心理テストでは選抜比が中程度以上であれば，成功率が著しく高まる。

その後，ブログダン(Brogden, 1946)は心理テストの妥当性係数と採用後の成功率が正比例関係にあることを見いだし，ネイラとシャイン(Naylor & Shine, 1965)は選抜比と妥

当性係数から基準変量の値を予測する表を作成した。基準変量の値は標準偏差1.0，平均0のz得点である。選抜比0.60，妥当性0.25の場合，基準変量の値は0.16であるが，妥当性が0.50と2倍になると，基準変量の値は0.32となる。やはり，妥当性係数と基準変量の値は正比例の関係があった。妥当性係数はできるだけ高いほうが望ましい。

　ミール(Meehl, 1956)も，精神疾患の誤診率は心理テストの妥当性と基礎確率によって影響されることを示した。心理テストの妥当性が低くても，診断のターゲットとなる精神病者の割合が大きい場合は，全員を精神病者と決めてしまえばヒット率は高くなる。

　精神病院の来院者には精神病者の比率が高い。だから，ロールシャッハ・テストのように，インクのシミを見せて面接して常に「精神病者である」という結果を出せば，ある程度は成功する。しかし，テストの真の妥当性とは関係がない。成功しているようにみえるだけである。この基礎確率の高いほうの現象に焦点を当てたのがフォア(Forer, 1949)の研究である。ミールは同僚のパタスン(Paterson, D. G.)のアイデアを借用し，バーナム効果と名づけた。

第5章　尺度開発法

1．基本原則

　知能測定の分野で画期的な知能尺度は，ビネーシモン尺度，ウェクスラ尺度であった。両尺度は半世紀の時間を超えて，現在でも広く使われている。その理由は妥当性の高さである。個々のテスト問題の妥当性(予測力)を経験的に確認し，妥当性の優れたテスト項目を集めて尺度化したためである。

　質問紙の分野でも事情は変わらない。尺度構成法は，論理的方法，因子分析的方法，基準関連的方法に3分できるが，成功した質問紙は，いずれも個々のテスト項目の妥当性を確認し，弁別力のある項目を残して構成している。もちろん，商業的成功という意味では，Y-G性格検査，TEG(東大式エゴグラム)などもあるが，妥当性の劣る質問紙はここでは除外する。

　質問紙を作成する場合，一般的に項目分析等で予備的に項目を選択し，因子分析を施して最終的な項目群を決定する。その後，信頼性を確認し，最終尺度とする。妥当性研究は尺度が完成した後である。外部基準とほとんど相関のない項目が最終尺度に含まれる結果，妥当性係数を算出すると，非常に低い値になり，そのため，有意性検定の結果のみを報告する場合が多い。

　このような尺度開発法に依存する限り，妥当性の劣る心理尺度が氾濫するのは当然の帰結である。妥当性の高い心理尺度を作成するには，妥当性の高いテスト項目を収集しなければならない。尺度を作った後で，いくら妥当性研究を行なっても，項目の組み替えを行なわなければ，妥当性の高い尺度にはならない。つまり，尺度構成時に項目と外部基準との関連性の情報も利用すべきである。

　被検者の問題もある。すべての被検者が自分の状態を客観的に正しく評価できるわけではない。通常のデータ収集の場合には，さまざまな自己像を持つ被検者が混ざり合ってしまう。自分の状態をよく見せかける人もいれば，実際以上に悪く見せかける人もいる。そのような人はデータを歪めてしまうので，除外したうえで尺度構成するほうがよい。ところが，このような試みはほとんど行なわれていない。妥当性の劣る心理尺度が氾濫するもう1つの要因である。

　まとめてみよう。

　①妥当性の高い心理尺度を構成するには，妥当性の高いテスト項目を収集する必要がある。

②心理尺度を構成する場合，個々のテスト項目の基準関連妥当性がすでに知られている場合は少ないので，データ収集時に構成概念に密接に関係する外部基準との関連性のデータも同時に収集する。そして，項目選択時に外部基準との関連情報を利用する。
③外部基準は測定目的である構成概念と密接に関係しなければならない。外部基準は論理的に「妥当」でなければならない。そして，外部基準の測定にも基準の汚染という測定誤差が含まれるので信頼性の確認もすべきである。
④外部基準としては，質問紙の場合には，自己評定（他の同一の構成概念を測定するテスト），仲間評定，上司による評定，その他，客観的な行動指標（営業成績，学力テストの成績，罹患率，欠勤日数）などがある。例えば，ストレス尺度を構成する場合，各質問項目は，心理的な苦痛の程度（抑うつ傾向など），疾病率，欠勤日数などと相関を持たなければならない。もし，ストレス尺度が抑うつ傾向，疾病率，欠勤日数などと何の関係も持たなければ，予測力がない無意味な尺度である。
⑤すべての被検者が正直に，正しく回答するわけではない。したがって，虚言尺度，建前尺度等を利用して回答の歪みの著しい被検者を排除してから項目分析を行なうほうが望ましい。被検者のデータをすべて一括して分析すれば，特殊な被検者の反応バイアスが入ってしまう。

この原則で尺度構成すれば，妥当性の高い，予測力のある心理尺度が作成できるはずである。ところが，一般的には，尺度構成した後に，妥当性研究をするのが常態化しており，その結果が当てにならない心理尺度の氾濫である。妥当性が不明の項目が多いので，尺度構成と妥当性研究は同時並行的に実施すべきである。ほとんどの研究者の尺度構成の手順は根本的に間違っていると思う。

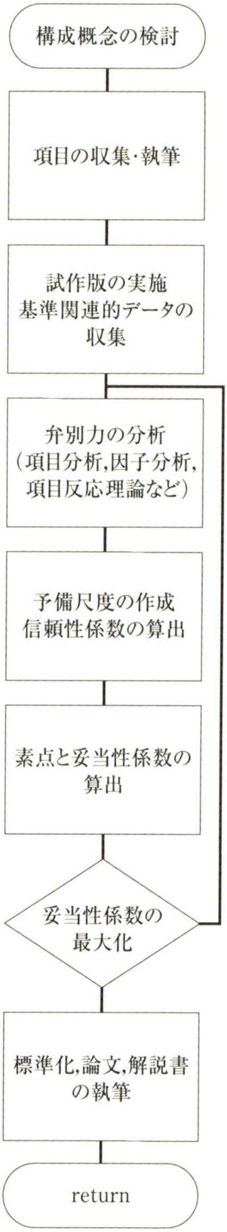

2．フローチャート

筆者が考える尺度開発のマクロ的なフローチャートを図5.1に示す。

図5.1　尺度開発のフローチャート

構成概念の検討 → 項目の収集・執筆 → 試作版の実施 基準関連的データの収集 → 弁別力の分析（項目分析，因子分析，項目反応理論など）→ 予備尺度の作成 信頼性係数の算出 → 素点と妥当性係数の算出 → 妥当性係数の最大化 → 標準化，論文，解説書の執筆 → return

3．構成概念の検討

質問紙を作成する場合，まず，測定対象となる構成概念を過去の文献などから確認する必要がある。過去に文献がない分野は稀であり，何らかの関連文献は必ず見つかる。さらに，質問紙の作成例もある場合が多い。もちろん，過去の尺度がそのまま使えるわけではないが，いくつかの項目を借用したり，改変して新規の尺度に組み込むことは，慣例的に許される。

例えば，うつ尺度であれば，かなりの作成例もあり，新規に作成する意義はあまりないが，DSM-Ⅳという診断基準があり，判断基準となる症状が列挙されている。まず，それぞれの症状ごとに，具体的なわかりやすい複数の質問文を執筆し，すべての内容領域をカバーして暫定尺度を構成すればよい。データ収集時には，他の妥当性の高いうつ尺度や精神科医による診断面接等を同時に実施し，基準関連的な妥当性の高い質問項目を残せば，予測力の高いうつ尺度が作成できる。

筆者が関わった領域では，主要5因子性格検査(BigFive)の作成がある。この場合は，ゴウルドバーグ(Goldberg, 1990)が整理したビッグファイブ・モデルに準拠することを決めていた。そのため，外向性次元では，内向的－外向的，精力的でない－精力的，無口－おしゃべり，臆病－勇敢，不活発－活発，引っ込み思案－でしゃばり，冒険的でない－冒険的，の7つの側面に関する質問項目を各10個程度を収集・執筆した。最終的に，外向性次元で採用した項目は12項目にすぎないので，5倍以上の項目を収集・執筆したことになる。

4．項目の収集・執筆

質問項目の執筆法は常識に従えばよいが，クライン(Kline, 1986)を参考にしてまとめておこう。

①被検者が項目を読んでも測定目的がわからないほうがよい。例えば，被検者がある項目を読んで，これは社交性に関係していて，「はい」と答えると社交性得点に加算されると考える場合を想定してみよう。社交性は社会的に望ましい特性なので，被検者は「はい」と回答するかもしれない。その項目が知的好奇心や協調性を測定している場合，被検者の洞察は見当はずれであり，応答も歪んでしまう。

②項目はわかりやすく，明瞭に書く。意味の不明瞭な項目は中心傾向を招きやすい。単純な平叙文で，小学生にもわかるように執筆する。さまざまな文化的背景を持つ人がいるので，研究者がやさしい文章だと思うだけでは不十分である。予備調査などで項

目の印象を調べるとよい。

③項目は特殊な行動習慣を書き，一般的な内容を避ける。例えば，「スポーツが好きですか」という項目がある場合，スポーツとは何か不明である。ラグビーだろうか，サッカーだろうか，野球だろうか。あるいは，ボーリングか，ゴルフかもしれない。スポーツという一般的名称では，被検者の回答は大きく異なってしまう。

④感情に関わる述語を避ける。例えば，「スポーツが好きですか」の「好き」という言葉も一般的内容で意味は不明瞭である。身体を動かすスポーツを好む人でも，テレビのサッカーやゴルフの中継を見ないかもしれない。逆に，自分では身体を動かさない人でもテレビのサッカーやゴルフの中継を好むかもしれない。

⑤「しばしば」「頻繁に」「たまに」などの副詞はなるべく使わない。例えば，「しばしば夢をみますか？」という項目があると，人によって「しばしば」の解釈が違ってしまう。一晩に何回も夢を見ることと考える人は「いいえ」と回答するだろうし，1週間に一度程度と解釈して「はい」と回答する人もいる。被検者の回答から夢の頻度を推量することができない。

⑥あまり深く考えさせない項目にする。例えば，「鮮やかな夢を見ますか？」という項目があると，大部分の人は簡単に「はい」か「いいえ」で回答できるだろう。しかし，「鮮やかな夢」とは何かと考え出すと，なかなか結論は出ない。また，この項目は精神異常を測定するのだろうかと疑いだすと，うかつに「はい」とも答えられない。解釈の難しい形容詞は避けたほうがよい。

しかし，現実的にはクラインの主張通りに執筆しなくてもよい。例えば，MMPI（ミネソタ多面人格目録）のような古い質問紙では「よく夢を見ます」など曖昧な表現も多い。MMPIは特定の精神障害と正常者の弁別という方法で作成された質問紙であるため，項目の回答をそのまま受け取らないシステムだからである。項目が曖昧なため，個人によって解釈が食い違い，それによって精神障害者と正常者の弁別が可能になることもある。

BigFiveでも事情は同じである。例えば，外向性次元で，「あまり自分の意見を主張しないほうです」「積極的に人とつきあうほうです」「他の人と同じように，すぐに友だちができるほうです」という項目がある。最初の2つはJACL（日本版形容詞チェックリスト）を元に執筆したもので，3番目はMINI性格検査の188項目を微修正したものである。「あまり」とか「すぐに」という副詞が用いられ，個人によって受け取り方が違ってしまう。心理尺度の場合は，社会調査とは異なり，質問項目に対する回答自体を問題にすることはあまりない。項目の弁別力等を確認のうえ，項目選択を行なうので，わかりやすく，回答しやすい項目であればよい。

最初に執筆する項目の数は最終的に完成するテストの数倍が必要である。テストの最終目標にも関係するので何倍あればよいとはいえないが，多いほうが望ましい。しかし，多すぎると実施時間が長くなりすぎて一度に実施できなくなる。1時間以内で実施すること

を考えると，2件法なら400～500項目くらいが限界である。BigFiveでは執筆した項目は300項目以上あったが，項目分析の結果，60項目が残ったにすぎない。

1）回答形式

　回答形式には，2件法，3件法，評定尺度法(5件法)などがある。回答の選択肢が少ないと，実施時間が短くてすむが，項目間相関係数を計算すると低めに出やすい。一方，回答の選択肢をふやすと実施時間がかなりふえてしまう。5件法が2件法より厳密で，被検者の心理状態を適切に正確に表現するように思えるが，現実には保証の限りではない。

　例えば，「あまり自分の意見を主張しないほうです」という項目に，2件法で「はい」と回答した場合と，5件法で「完全にあてはまる」と回答した場合を比べるとよい。「完全にあてはまる」と回答する被検者がいても，自分の意見を主張する場面がほとんどないだけで，そのような機会があれば遠慮なく主張する人かもしれない。逆に，強く求められない限り自分からは意見を主張しない人かもしれない。被検者の社会的状況や自己認知は1人ひとり異なるので，質問項目に対する回答を文字通りに受け取ることはできない。以下に，各回答形式の特徴を列挙しておく。

(1) 2件法

　質問文か平叙文を書き，被検者がそれを肯定するときは「はい」，否定するときは「いいえ」を選択する形式である。この形式の利点は短時間で実施でき，また，集計手続きも簡単なので，整理も速い。日本ではMMPI-1，MINI，MINI-124のマークカード方式，BigFiveのマークカード方式とカーボン方式がこの形式である。被検者によっては，どちらの回答を選んでよいか迷う場合もある。そのときは無回答を許容すればよい。

　2件法は，Yes-No法とtrue-false法，like-dislike法に分かれる。日本語の「はい」と「いいえ」は英語の「true」と「false」に該当する。英語圏では項目が否定疑問文で提示されたとき，肯定する場合は「No」で回答するので，日本語と食い違うが，否定疑問文はめったに使われないので，実質的には一致することが多い。MMPI-1はtrue-false法，EPI(アイゼンク性格検査)はYes-No法である。like-dislike法は日本にはない。

(2) 3件法

　回答欄が「はい」「？」「いいえ」となっている形式である。「はい」か「いいえ」かで迷う被検者に選択枝を与えるので，回答しやすくなる。欠点は「？」を選ぶ確率がふえ，しかも「？」の回答は何ら情報を追加しないことである。アイゼンクの古いMPI(モーズレイ性格検査)はこの形式だったが，EPIから回答形式を変更した。日本ではY-G，TEGなど，3件法が多い。MMPI-1，MINI，MINI-124，BigFiveのコンピュータ方式がこの形式である。

(3) 評定尺度法

　「まったくあてはまらない」から「完全にあてはまる」までの5段階などで回答させる評定尺度を用いる形式である。NEO-PI-Rや日本のFFPQ(5因子性格検査)がこの形式

である。項目から最大の情報が引き出せる可能性があるが，それぞれの評定段階の意味が曖昧で，個人によって答え方が異なる可能性が指摘されている。また，欠点は実施時間が2件法の倍近くかかることである。

5．試作版の実施

　心理尺度を作成するには，何らかの心理学的構成概念に基づいて測定対象と項目の形式を決定し，項目を執筆する。試作版質問紙を相当数の被検者集団に実施して，テスト目的に合致している項目のみを統計的に選択し，尺度化する必要がある。

　試作版にはMINI-124のL(虚言)，F(頻度)，K(修正)など，被検者の受検態度を測定する尺度を含めておくべきである。被検者によっては自分を偽って回答したり，デタラメに回答することがある。項目分析に進む前に，まず，反応歪曲の顕著な被検者と項目を除去し，その後，項目困難度(是認率)で項目を選択し，項目分析に進むべきである。

　心理尺度を作成すると，妥当性の１つとして基準関連的な証拠を提出する義務が生じる。筆者の疑問は，なぜ多くの研究者が心理尺度を作成した後に，予測的妥当性や併存的妥当性の研究をするのかということである。これらの妥当性研究の後，尺度項目の組み替えを行なうことはほとんどない。つまり，妥当性研究は何ら尺度の改善には寄与しない。単に作成した尺度の「正当化」を行なっているだけである。これはどう考えてもおかしい。

　筆者の提案は，試作版尺度を実施する際に，予測的・併存的妥当性のデータを同時に収集し，そのデータを尺度構成に利用するということである。もし，尺度構成のときに項目と外部基準との関連性のデータが入手できれば，妥当性係数の最大化は技術的に簡単である。

１）被検者

　被検者数は多いほうがよいが，多ければデータ整理の労力も増す。相関係数の計算のところで説明したが，200名程度になると誤差が減少するので，最低で200名は必要である。芝(1972)は経験的には400名程度あればよいという。基本的に，200名や400名の標本で項目分析を行ない，心理尺度を完成させて，別の被検者集団に実施することになる。ただ，将来，心理尺度を実施する集団を代表する標本がよい。

　テストを日本人全体に実施するのであれば，日本人全体から無作為抽出された標本で項目分析を行なうことが望ましい。すなわち，男性，女性の比率を１対１程度とし，年齢範囲も実施する集団に合わせたほうがよい。一般的な心理テストであれば，15〜80歳程度の広い標本を集める必要がある。しかし，以上は理想論である。項目分析は何度も繰り返すこともあり，現実には大学生の標本を用いることが多い。

　因子分析的質問紙は１つの被検者集団を利用するが，基準関連的質問紙の場合には外部

基準によって基準群と統制群という2つの被検者集団を利用して作成することが多い。項目選択のアルゴリズムは共通点が多いが、因子分析的質問紙は項目の内部情報のみを利用するが、基準関連的質問紙は外部情報も利用するという点で大きく異なる。

例えば、MMPI（ミネソタ多面人格目録）は、504項目を精神障害者（例えば、心気症患者：基準群）と正常者（つき添い：統制群）に実施し、弁別力のある質問項目を集めた（Hathaway & McKinley, 1940 ; 村上・村上, 1992）。基準群はたったの50名である。ただ、医師によって集中的に検査された「純粋な」心気症患者である。基準群の人数は少ないが、精神障害数千名から選抜されたものである。

また、児童用の問題攻撃性尺度は、1,701名の小学生から担任の指名によって攻撃性の著しい児童23名を基準群とし、統制群は同一のクラスの児童567名であった（村上・福光, 2005）。基準群の人数は少ないが、基準群の人数は簡単にはふやせない。単純に調査対象者からの選抜率を大きくすると、基準群の「純粋性」が低下し、結局、質問項目の弁別力が低下してしまう。基準群と統制群を比較して作成する基準関連的質問紙の成否は、基準群の選抜方法に全面的に依存するといってよい。

2）反応歪曲

大部分の人は質問紙に正直に回答するが、1～2割の人は自分を偽って回答する可能性がある。建前的回答は意識に上らないことも多い。逆に自分を実際よりも悪いとみなし、精神病者のような回答をすることもある。このような現象を反応歪曲（response set）と呼ぶ。以下のような反応歪曲がある。

①黙従傾向：質問項目がどんな内容であっても、同意する傾向を黙従傾向（acquiescence）と呼ぶ。つまり「はい」か「いいえ」ばかりで答える傾向である。この傾向を防ぐには、質問項目の採点キーを「はい」の方向で採点する質問項目と「いいえ」の方向で採点する質問項目をバランスよくさせるとよい。文章の意味がわかりにくいと黙従傾向が現われやすいので、可能な限りわかりやすい質問項目を執筆する必要がある。試作版を実施したときに、「はい」や「いいえ」の「はい」の回答数をチェックして、黙従傾向の顕著な項目や被検者を除去するとよい。

②社会的望ましさ：社会的に望ましいと思われる回答をする傾向である。このような反応傾向は社会的望ましさ（social desirebility）と呼ぶ。このような反応傾向のある被検者や項目は除去しなければならない。村上（2005b）は大学生209名に性格表現用語50語の自己評定を求め、それと同時に用語の社会的望ましさの評定を行なった。表5.1に示したように、自己評定値（「はい」を1点、「いいえ」を－1点と点数化）と社会的望ましさの相関は、0.474（$p<.01$）と中程度の相関が確認された。この場合、標準偏差や分散も減少する。したがって、回答の偏りや分散を算出すれば、社会的に望ましい（望ましくない）項目は機械的に除去できる。

③良いふり，悪いふり，でたらめ応答：MMPI関連で言及される反応歪曲で，社会的望ましさの概念と一部重複する。良いふりは「生まれて一度も嘘はついたことがありません」などという質問をいくつか用意して，肯定的回答を集計すると検出できる。古典的なL尺度である。悪いふりは，自己意識が非常に悪く，精神病者のように回答する傾向である。でたらめ応答は，テストを嫌々やったり，質問文の意味が理解できず，回答がでたらめになってしまった場合がある。これらの傾向はL，F，K尺度で検出できる。MMPIの妥当性尺度は項目数が多いので，MINIやMINI-124のL，F，K尺度や建前尺度などを試作版質問紙に含めるとよい。

BigFiveでは，300項目の試作版質問紙と同時にMINI性格検査を実施して，L，F，建前尺度が70点以上の者と，K尺度が30点以下の者を除外した。被検者は大学生で，当初496名であったが，除外すると443名となった（村上・村上, 1997）。これだけで有効回答者の10.7％である。不完全回答者は前もって除外されている。

多くの研究者は被検者の洗練を意識的に行っていない。作成する尺度の弁別力に影響するはずである。自己像が歪んだ，洞察力の乏しい被検者は1～2割いるので，可能ならば，試作版質問紙にL，F，K尺度などを含めておいて除外すべきである。

表5.1 社会的望ましさと応答

性格表現用語	社会的望ましさ	自己評定値
暴れ者の	1.976	−0.761
狂気の	1.981	−0.780
凶暴な	2.057	−0.837
横暴な	2.158	−0.809
閉鎖的な	2.364	−0.325
腹が黒い	2.388	−0.493
無神経な	2.411	−0.560
ひがむ	2.469	−0.167
ねたむ	2.483	−0.234
投げ出す	2.498	−0.225
不注意な	2.522	0.196
軽率な	2.589	−0.158
手を抜く	2.656	0.148
頭に血がのぼる	2.670	−0.502
引っ込み思案の	2.694	0.024
あきらめる	2.756	−0.081
自分勝手な	2.761	−0.048
自己中心的な	2.770	−0.038
人まかせの	2.770	0.158
怒りっぽい	2.856	−0.234
おじけづく	2.919	−0.024
きざな	2.919	−0.876
生意気な	3.062	−0.215
強制的な	3.067	−0.804
不安な	3.234	0.311
こせこせした	3.282	−0.531
小心者の	3.340	0.359
大人しい	3.885	0.014
控えめの	3.990	0.263
脳天気な	4.134	−0.024
恐いものなしの	4.306	−0.732
楽観的な	4.493	0.182
無邪気な	4.689	−0.005
威厳がある	4.713	−0.775
貫禄がある	4.789	−0.732
気楽な	4.842	0.388
徹底的な	4.856	−0.215
従順な	4.947	0.196
開放的な	5.316	−0.062
謙虚な	5.435	0.383
着実な	5.522	−0.306
エネルギッシュな	5.555	−0.139
辛抱強い	5.598	0.072
行動的な	5.737	0.043
活発な	5.943	0.158
活動的な	6.000	0.139
粘り強い	6.014	0.053
熱心な	6.091	0.234
親切な	6.153	0.368
優しい	6.182	0.455

3）項目困難度（是認率）

　最も基本的な統計量である。項目困難度は学力検査での項目の正答率に相当する。正答率が高いと困難度は小さいので，項目困難度と正答率は方向が逆の類似した概念である。ただ，正答率が特定の被検者集団に依存した概念であるのに対して，項目困難度は母集団から無作為抽出された標本を想定している。

　項目困難度は，

$$p_j = \frac{\sum u_{ij}}{n}$$

と定義される。p_j と分散には，

$$\sigma_j^2 = p_j(1-p_j)$$

という関係がある。項目選択に困難度を利用しても，分散を利用しても，結果は同じである。数値の意味は困難度のほうがわかりやすい。

　直感的に理解できるように，得点分布がどちらかに偏ると分散が減少する。項目困難度は0.5が最も情報量が多いので，一般的に0.3から0.7の間が望ましい。項目困難度が0なら全員が誤答，1.0なら全員が正答である。項目の弁別力はなく，情報量もゼロである。項目困難度が0.2以下や0.8以上の項目は除去すべきである。こうすることで，社会的望ましさについての反応歪曲が減少するし，分布の歪みも減少するので，相関係数等の計算時にもよい方向に機能する。

　ただし，以上は一般原則である。MMPI-1やMINIのように，精神障害の診断が目的である場合，正常者集団で求められた項目困難度は役に立たない。正常者がすべて「はい」と答えても，特定の精神障害者は「いいえ」と答える項目が存在する。2つの集団を弁別する重要な項目である。

　項目困難度に関しては，筆者の自作の度数分析プログラムで簡単に分析できる。図5.2に小学生用BigFiveの試作版のデータの分析例を示す。変量2は「はい」の回答率が85％もあるので，除外すべき項目であることがわかる。

6．項目分析

　試作版尺度がある程度一次元的であれば，項目分析では各項目と試作版尺度の合計点得点との相関係数を計算し，相関の高い項目を採用するという手続きが推奨できる。この方法は各項目の回答と合計得点との整合性が保証されるので，内的整合性（信頼性）の高い尺度が作成される。

　この方法は，試作版尺度の合計得点の妥当性係数が最大であるという暗黙の仮定がある。

```
[ 多変量度数分析 ( MFA ) ]

ファイル名:C:\My_Documents\Hatayama\all_student\all_student.dat

サンプル数 =     815

変量   1
     選択枝   度数     %      度数分布表
     -1     325    0.399   ####
      0       0    0.000
      1     490    0.601   ######

変量   2
     選択枝   度数     %      度数分布表
     -1     122    0.150   #
      0       0    0.000
      1     693    0.850   #########

変量   3
     選択枝   度数     %      度数分布表
     -1     290    0.356   ####
      0       0    0.000
      1     525    0.644   ######

変量   4
     選択枝   度数     %      度数分布表
     -1     192    0.236   ##
      0       0    0.000
      1     623    0.764   ########

変量   5
     選択枝   度数     %      度数分布表
     -1     371    0.455   #####
      0       0    0.000
      1     444    0.545   #####

                (以下略)
```

図5.2　度数分析プログラムで分析した例

合計得点にある程度の妥当性があっても，合計得点が最大の妥当性係数をもたらす保証はない。不幸にして，合計得点はしばしば妥当性の最適の測度でない。

現在，因子分析による項目分析が広く用いられている。この方法の利点は試作版尺度が多次元的であってもよいことである。各因子ごとに因子負荷量の大きな項目を集めてα係数が0.8を超えるように尺度構成するだけである。上記と本質的に同等の手続きであり，基本的に内的整合性の高い尺度となる。

基準関連妥当性を最大化するには，妥当性係数の大きな項目を集めて尺度構成する必要がある。各項目の妥当性は，項目の標準偏差(項目困難度)が一定であれば，項目と外部基準との相関係数が大きくなるほど大きくなるが，項目と合計得点の相関が大きければ，妥当性係数は低下する(芝, 1972)。つまり，外部基準との相関が高く，内定整合性の低い項目を選ぶと，妥当性係数を最大化できる。

言い換えると，ある程度，項目困難度が揃っていれば，外部基準との相関係数の大きな項目を選べば，妥当性係数が最大化された尺度が作成できる。妥当性係数を最大化するには，基準関連的尺度構成法を採用すべきであるが，基準群の構成などに労力がかかるので，作成例は少ない。

1）G-P分析

G-P分析(good-poor analysis)は，最も簡単な項目分析の方法である。内的整合性を重視するアプローチで，かつてサーストン夫妻(Thurston, L. L. & Thurston, T. G.)が行なった古典的技法である。手続きは以下の通り。

1. 試作版度を作成して数百名以上の被検者に実施する。
2. 試作版尺度の合計得点で，高得点の上位群(good)と低得点の下位群(poor)を各25～33％ずつ選抜する。
3. 上位群と下位群で，各項目ごとに選択枝の出現頻度か，平均値を求め，項目困難度を調べ，弁別力のある項目を選抜する。
4. 選抜した項目から尺度を構成し，被検者ごとに尺度得点を算出する。
5. 構成した尺度のα係数を算出する。0.8程度あれば尺度構成を終了する。不満足であれば，項目選択に戻る。

基本的にコンピュータが手軽に利用できない時代の簡便法である。α係数を算出し，項目選択を繰り返す場合は，コンピュータを利用しないと手計算では難しい。

2）因子分析的方法

パッケージ・ソフトが普及した結果，因子分析(factor analysis)が簡単に利用できるようになった。因子分析はG-P分析と異なり，すべてのデータを利用する。また，予備尺

度が多因子的(多次元的)であっても，各因子ごとに尺度構成すればよい。手続きは以下の通り。

1．予備的な尺度を作成し，数百人の被検者に実施する。
2．因子分析を行ない，各項目の因子負荷量(重み)や共通性(変動)の大きさを調べる。
3．因子負荷量の絶対値が大きい(共通性の大きな)項目を選んで尺度を構成する。
4．構成した尺度から各被検者の尺度得点を算出する。
5．構成した尺度のα係数を算出する。0.8程度あれば尺度構成を終了する。不満足であれば，項目選択に戻る。

因子分析を利用すると信頼性の高い尺度ができる。現在，最もよく使われる方法である。しかし，α係数が高いと項目間相関が高くなり，妥当性が低くなりやすい。

3）基準関連的方法

外部基準を元に質問項目を選択する方法である。精神医学でよく用いられるMMPI(ミネソタ多面人格目録)がこの方法を用いた。基準群と統制群による方法である。手続きは以下の通り。

1．基準群と統制群を注意深く選抜する。
2．予備的な尺度を作成し，両群に(可能なら1～2週間間隔で2回)実施する。
3．各項目の応答を基準群と統制群で比較する。
4．応答率に差のある(弁別力の高い)項目を集める。
5．構成した尺度から各被検者の尺度得点を算出する。
6．構成した尺度のα係数(可能なら再信頼性信頼性係数)を求める。
7．信頼性係数が0.8程度あれば尺度構成を終了する。不満足であれば，項目選択に戻る。

この方法の利点は妥当性の高い尺度が作れる点である。ただ，項目は単に統計的な観点から選ばれるので，項目内容が直感に合わない(内容的妥当性が乏しい)ことがある。また，基準群の設定は予想以上に難しい。

4）弁別力の指標

尺度構成の被検者集団が2つの場合は，$U-L$指標，D指標，有意差検定などによって弁別力のある項目を選択する。被検者集団が1つの場合は，外部基準との相関や試作版尺度との相関で項目の弁別力を調べる。

(1) $U-L$ 指標

被検者を高得点群(U)と低得点群(L)に分割し，項目困難度(是認率)を計算し，その差をみる方法がある。これを $U-L$ 指標と呼ぶ。例えば，ある項目の困難度が高得点群で70％，低得点群で30％とすると，70－30＝40，別の項目で正答率が70％，65％とすると，この項目は70－65＝5となる。後者の項目の弁別力が劣るので省くという方法である。困難度は $U+L$ である。

この方法の欠点は，被検者の半数のデータが利用されないことである。アナスティシとウーアビーナ(Anastasi & Urbina, 1997)は，被検者を高得点群(U)，中得点群(M)，低得点群(L)に分割し，項目困難度(是認率)を計算する手続きを示した。

高得点群と低得点群はそれぞれ上位33％，下位33％である。表5.2は，被検者総数60名，高得点群20名，中得点群20名，低得点群20名の場合の計算法の引用である。数値は項目ごとの正答数である。この場合，困難度は $U+M+L$ となる。

困難度からは項目2がやさしすぎ，弁別力も劣る。項目7は難しすぎ，弁別力も劣る。まず，項目2と5は除外すべきである。項目4は困難度は適当であるが，弁別力が逆転している。採点キーを逆にすれば採用可能である。項目5は弁別力がゼロで，除外すべきである。したがって，表5.2で採用すべき項目は，1，3，4(逆転)，6となる。

表5.2 簡素な項目分析 ― 3群の場合 ―

項目	U (20)	M (20)	L (20)	困難度 $(U+M+L)$	弁別力 $(U-L)$
1	15	9	7	31	8
2	20	20	16	56	4
3	19	18	9	46	10
4	10	11	16	37	－6
5	11	13	11	35	0
6	16	14	9	39	7
7	5	0	0	5	5

(2) D指標

被検者を高得点群(U)と低得点群(L)に分割して，各群で正答した被検者数を％で表示して差 $U-L$ を求めた指標である。非常に単純であるが，項目の弁別力をよく近似する。尺度作りの授業等で利用できる指標である。

(3) 有意差検定

基準関連的尺度構成の場合には，極端に異なった性質の被検者集団の応答を比較し，両群をよく弁別する項目を集めて心理尺度を作成する。この場合には相関分析ではなく，有

意差検定を行なう。MMPIの作成時には，基準群と統制群の是認率を求め，有意水準に達した項目を収集した。

2件法，3件法，5件法などで，やや分析方法は異なるが，一般的にはカイ自乗検定で2群間の応答比較を行なえばよい。筆者は2件法で「はい」を1，「いいえ」を－1と数値化しているので，2群間の比較を一度に行なうプログラムを作成した。

計算手続きはホランドとセア(Holland & Thayer, 1988)に基づいた。マンテルとヘンゼル (Mantel & Haenzel, 1959)のカイ自乗は，一様で，最も検定力のある，不偏推定値で

```
[ 二集団間質問項目一括検定 ( Mantel-Haenszel Chi Square ) ]

統制群:C:\My_Documents\Kireru\調査Ⅰ基準群と統制群\基準群.DAT
    サンプル数 =    23
基準群:C:\My_Documents\Kireru\調査Ⅰ基準群と統制群\統制群.DAT
    サンプル数 =   567


Mantel-Haenszelのカイ自乗値 = 39.518**
全体のα(オッズ比)            = 1.448
ΔMH( dif )                   = -0.869


質問項目           はい    いいえ   合計   コクランのdif    α     カイ自乗値
   1    統制群       6      17       23
        基準群     193     372      565      -1.784       0.680    0.333

   2    統制群       8      15       23
        基準群      99     466      565       3.815       2.510    3.334?

   3    統制群      17       5       22
        基準群     315     252      567       4.599       2.720    3.221?

   4    統制群      21       2       23
        基準群     404     163      567       4.432       4.236    3.467?

              (中略)

   9    統制群      16       7       23
        基準群     164     403      567       8.983       5.617   15.330**

              (以下略)

?...p<.10        *...p<.05        **...p<.01
```

図5.3 2集団間質問項目一括検定プログラムで分析した例

ある。ΔMH(dif)は，オッズ比を対数変換したもので，特異項目機能(Differential Item Functioning：DIF)の指標である。DIFとは2つの群に属する同じ能力値を持つ個人に，同一の項目を提示しても是認率が異なる現象である。

図5.3は問題攻撃性尺度を作成したときのデータの一部で，基準群は攻撃性が顕著と評価された児童である。「？」は0であるが，無回答はほとんどないので除外して計算する。問題攻撃性尺度は，カイ自乗値が有意な項目を選択して構成したが，結果的にDIFも大きかった。

基準関連的尺度構成をする場合，基準群と統制群の選抜に最大の注意を払うべきである。例えば，何らかの基準で不登校児童を集めて基準群とし，同年齢の普通児童を統制群として，不登校に関連しそうな質問項目を多数用意し，両群に実施して，基準関連的方法で不登校尺度を作ったとしよう。基準群と統制群で弁別力を確認したとしても，不登校尺度としては，おそらく機能しないだろう。

まず，不登校の判定基準が問題となる。いくら確固たる基準で不登校児童を選抜したとしても，不登校にはさまざまな原因がある。遊び，非行，不安，心気症状，うつ症状，無気力，意図的な不登校などである。結局，基準群はさまざまな児童の集合体であり，より限定的に概念規定を行なわなければならない。例えば，基準群を純粋な遊び型不登校児童とすればよいが，今度は数十名の基準群を集めるだけで，かなり困難な作業となる。

さらに，基準群と統制群の比較に固有の問題もある。不登校児童は学校不適応の一種であり，一般的な不適応児童と共通の性質もある。そのため，基準関連的尺度構成を行なった結果は，不登校尺度が作成されたのではなく，一般的不適応尺度が作成された可能性もある。この可能性を排除するには，学校に適応していない児童を選抜し，不適応群を作成し，不登校群と不適応群の比較も行なう必要がある。

MMPI特殊尺度のなかで，敵意の過統制(Overcontrolled-Hostility)尺度が，このような複雑な比較対照の手続きで作成された(Megargee et al., 1967)。これは，殺人などを犯した極端な凶悪犯，ランダムに選ばれた高度な凶悪犯，ランダムに選ばれた凶暴でない犯罪者，正常者の4群にMMPIを実施して，殺人犯のみを弁別する項目を残して作成したものである。

5）相関分析による方法

古典的なG-P分析は上位群と下位群に分割して困難度や弁別力を計算したが，収集したデータの一部しか利用しないので，情報の損失が起こる。上位群，中位群，下位群と3分割し，収集したデータをすべて利用しても，被検者の得点を3群に区分するために，情報の損失は避けられない。コンピュータの利用できない環境はなくなったし，古典的な手法を利用する利点はない。やはりすべてのデータを利用して，相関係数等の指標を計算するほうがよい。

①積率相関係数：ピアソンの相関係数である。積率相関は連続変量であることが仮定されている。したがって，多段階の連続変量的な評定尺度法であればよい。しかし，質問紙法の場合は，変量のカテゴリーは5件法以下で，分布が歪んでいる場合は低い相関係数しか得られないことがある。
②点双列相関係数：2件法の項目と試作版尺度の総得点との相関を求める場合など，片方が2値データで，片方が連続変量である場合，積率相関係数は点双列相関係数 (point biserial correlation) という名で呼ばれる。算術的には同一であるので，積率相関係数のプログラムを利用すればよい。
③ ϕ 係数：2つの変量が共に2値データである場合，積率相関係数は ϕ 係数という名で呼ばれる。項目が「はい」「いいえ」の2値データで，総得点が合格／不合格の2値変量しかない場合に該当する。算術的には同一であるので，積率相関係数のプログラムを利用すればよい。
④4分相関係数：2つの変量が共に2値データである場合で，ϕ 係数とは異なり4つに分類された被検者の割合から相関係数の推定値を求める方法である。この方法は困難度（是認率）が偏っていても影響を受けないが，標本誤差は大きい（芝, 1972 ; Kline, 1986）。クライン (Kline, 1986) はこの方法を推奨しているが，困難度が極端に異なる項目を除外して積率相関を利用すればよいと思う。

一般的には試作版尺度の合計得点と個々の項目との相関係数を計算する。すでに説明したように，試作版尺度の合計得点は妥当性係数を最大化する指標ではないので，可能な限り外部基準と個々の項目の相関係数を算出し，それをもとに項目を選択するほうがよい。そのためには，試作版尺度を実施するときに，基準関連的データを同時に収集する必要がある。筆者の自作のプログラムの場合は，2ファイル間相関を実行し，試作版尺度のデータと外部基準のデータの相関を調べればよい。

7. 因子分析法

心理テストの開発や調査によく用いられるのが因子分析である。因子分析の考え方が誕生したのは，20世紀初め，スピアマン (Spearman, C. E.) は検査問題間の相関関係を計算し，知能検査には特有の性質があることに気づいた。つまり，a, b, p, q という4つの検査があったとき，相関 $r_{ap} \times r_{bq} - r_{aq} \times r_{bp} \simeq 0$ となった。このような場合，個人の検査 a の得点は，$a_i = c_1 g_i + s_{ai}$, $b_i = c_2 g_i + s_{bi}$ と表現できた。彼は g が知能に本質的な一般知能であり，s は検査に固有の誤差要因で特殊知能と考えた。

しかし，多くの検査を取り上げていくと，このモデルでは不十分であることが明らかになった。スピアマンの着想を数学的に発展させ，因子分析を完成したのはサーストンであ

る。同時に彼は知能の多因子説を唱えた。

　因子分析は数学の行列計算の分野に近く，計算量が多いため，長い間，セントロイド法などの近似法が用いられた。1960年代以降，コンピュータの発達で，因子分析は広く用いられるようになった。

1）基本モデル

　因子分析の基本モデルは，ある個人i，変量jについての標準得点をz_{ij}，ある因子の得点をf_{ik}，その重み(因子負荷量)をa_{jk}とすると，

$$z_{ij} = a_{j1}f_{i1}+a_{j2}f_{i2}+\cdots+d_j u_{ij}$$

で表わせる。d_jは共通性，u_{ij}は独自性と呼ばれる。これを行列の書き方で示すと，

$$Z = FA+UD$$

となる。相関行列をR，因子負荷量の行列をA，対角行列をDとすると，それぞれの因子が互いに無関係(直交)ならば，

$$R = AA'+D^2$$

の関係がある。A'はAの行と列を入れ換えたもので，転置行列と呼ばれる。それで，相関行列は因子負荷量の行列で近似できる。また，Aの各列を$\mathbf{a}_i$というベクトルで表記すると，

$$R = \mathbf{a}_1\mathbf{a}_1'+\mathbf{a}_2\mathbf{a}_2'+\cdots+D^2$$

となる。相関行列が因子負荷量というベクトルの積の和で近似できる。

　同じ検査問題を2回行なっても相関は1にならない。因子分析では対角要素の1は計算に使わず，他の変量から値を推定したものを代入して計算する。これを共通性の推定と呼ぶ。1をそのまま使うと主成分分析になる。統計パッケージでデフォルトが主成分分析になっている場合もあるので，注意が必要である。

2）分析例

　筆者の自作ソフトは，相関行列，因子分析(主成分分析)，因子回転，並べ替え，因子得点と，小さなプログラムに分かれていて，1つずつ実行していく。主因子法は古い方法だが，基本的には最新のプログラムとほぼ同じ結果が得られる。統計パッケージには最尤法や確認的因子分析法が多い。

　図5.4は小学生用BigFiveのデータの一部である。相関行列，因子分析を行ない，スクリー法で因子数を5と決定し，直交回転し，並べ替えを行なった。因子分析による尺度構成は，項目30，31，…27と採用し，α係数が十分な値であれば終了する。さもなければ項目を追加して再度計算する。

```
[ 因子分析 ( Principal Factor Analysis by Jacobi Method) ]
ファイル名:C:\My_Documents\Hatayama\all_student\student5.COR
変数              因子負荷量
          1       2       3       4       5       6       7    ...
     1   0.176  -0.379  -0.024   0.227   0.024   0.199   0.137  ...
              (中略)

[ オーソマックス回転  ( Orthomax Rotation ) ]
ファイル名:C:\My_Documents\Hatayama\all_student\student5.PRI
因子パーシモニー基準
変数              因子負荷量
          1       2       3       4       5
     1  -0.129  -0.029   0.148  -0.103  -0.421
     2  -0.022   0.103   0.196  -0.186  -0.492
              (中略)

[ 並べ替え ( Reorder ) ]
ファイル名:C:\My_Documents\Hatayama\all_student\student5.SOL
変数              並べ替えられた因子負荷量
          1       2       3       4       5
    30  -0.532  -0.136  -0.199   0.147   0.068
    31  -0.516  -0.202  -0.197   0.129   0.153
    26  -0.511  -0.080  -0.163   0.117  -0.044
    28  -0.481  -0.111  -0.130   0.108   0.036
    25  -0.464  -0.084  -0.141   0.159  -0.162
    29  -0.460  -0.281  -0.175   0.148   0.083
    27  -0.415  -0.118  -0.077   0.151  -0.092
    46  -0.350  -0.264  -0.227   0.033  -0.143
    24   0.324   0.039   0.227  -0.264  -0.189
    19  -0.302  -0.236  -0.161  -0.041  -0.140
    48   0.209   0.039   0.148  -0.074   0.089
              (以下略)
```

図5.4　因子分析関係プログラムの実行例

3）因子数の決定法

　確認的因子分析では所定の因子数でモデルのあてはまりの程度を各種の指標で評価できるが，絶対的な基準はない。探索的因子分析では累積%でみたり，固有値の減少傾向を見て決める方法が実用的である。後者をスクリー法と呼ぶ。
　スクリー法は主観的になりがちであるが，ゴーサク(Gorsuch, 1983)は抽出した因子数

で，すべての連続した3つの固有値で傾きを計算し，傾きが大きく変化するところで因子数を決めるように提案した。図5.5は自動的に作成された拡張子EIGというファイルを利用して折れ線グラフを描いたものである。固有値は因子5まで急激に減少し，その後，直線的にゆっくりと減少した。因子6以降は誤差因子と解釈できる。直線は目見当で引いたものである。

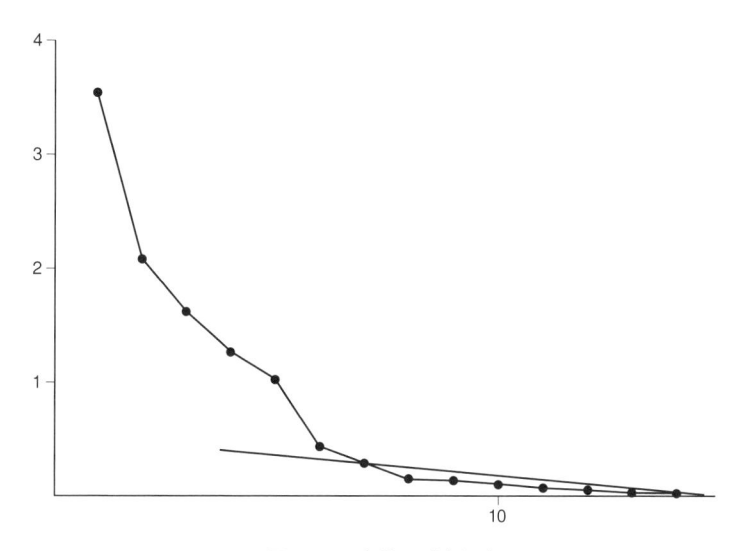

図5.5　固有値の減少傾向

　スクリー法は，誤差因子の固有値が直線的に減少することを利用して因子数を決定する。このためには，10以上の因子を抽出しておく必要がある。なお，固有値が1以上の因子数で因子回転したという論文が多いが，これは主成分分析の因子抽出打ち切り基準を誤って因子分析に当てはめたものである。ゴーサクによれば，固有値が1以上という基準は，ある程度の目安は与えるが，非常に大まかな基準にすぎない。

4）利用上の注意

　因子分析で注意すべき点を，簡単に列挙しておこう。

①因子分析は線形の数学モデルである。線形でないデータに因子分析を適用してはいけない。計算は相関係数を元に行なわれるので，相関係数が適切に計算できないデータには適用できない。相関係数の計算の条件を満たす必要がある。一般的にサンプル数は200以上が必要である。

②サンプル数＞変量の数という条件がある。因子分析には逆行列を求める手続きが含まれていて，この条件を満たさないと逆行列が存在しないためである。現実には，計算誤差の関係でこの条件を満たさなくても解は得られるが，不安定で信用できない。

③因子軸や因子回転の方向は任意である。数学的にはあらゆる方向に因子軸を向けて，座標が計算できる。したがって，因子は実在する物ではなく，数学的な架空の存在である。

④因子回転は数学的に単純構造を導く方法である。一般的に，絶対値の大きな因子負荷量と，0に近い因子負荷量を持つように因子負荷量の平方和などを求めて回転する場合が多い。回転基準に平方和が用いられているために，はずれ値に大きく影響される。つまり，大きな値を持った変量が1つ加わると，結果が大きく変化する。

⑤因子数を決定する絶対的な方法はない。そして，因子数が異なれば因子構造も異なってしまう。かつて，サーストン(Thurston, 1947)は因子数は多ければ多いほどよいと主張した。その結果，キャテル(Cattell, 1943, 1945a, 1945b, 1947)は多くの因子を抽出して16PFという性格検査を作成した。因子が不安定で再現性に乏しかった。その結果，直交5因子解(ビッグファイブ・モデル)が主流となった。日本でも辻岡(1957)がY-Gで多くの二次因子を抽出して類型を作成したが，再現性はない。

⑥因子回転には直交回転と斜交回転があるが，それぞれ多くの手法がある。古典的な方法にバリマックス回転があるが，特定の因子の重みが増してしまう欠点がある。因子パーシモニー法など，他の回転法を考慮したほうがよい。斜交回転ではプロマックス回転などが用いられる。

⑦斜交回転は直交回転よりも単純構造を導きやすいが，軸の相関が0.5近くもなるような斜交平面は直感的に理解しにくい。そのような相関の高い2つの斜交因子は，直交因子1つで記述できるだろう。一方，直交座標は直感的に理解しやすいが，単純構造を出すのが難しい。

⑧独立したいくつかの心理テストを作成する場合は，直交回転を利用するほうが理解しやすい。例えば，村上と村上(1997)のBigFiveの分析がある。一方，斜交回転は特定の心理テストの下位尺度を作成する場合など，下位尺度間に相関が仮定できる場合に利用するとよいだろう。ビッグファイブ関係では側面因子(facet)の探求がある(村上, 2003)。

因子分析は半世紀の歴史を持つが，変量が1つか2つ追加されるだけで因子分析結果は大きく影響されるし，どの回転基準を使うかによって因子負荷量が左右される。数理的センスに加えて，文学的・直感的センスも必要である。厳密な科学的方法ではないので，分析結果を鵜呑みにしてはいけない。

8. 項目反応理論

古典的テスト理論や一般化可能性理論は，尺度得点という合成得点のみを取り扱うが，項目反応理論では，1つひとつの項目の困難度(是認率)と弁別力に焦点を当てて記述した数学モデルである。

アナスティシとウーアビーナ(Anastasi & Urbina, 1997)の架空のデータに項目1のデータを追加したのが表5.3である。数百人に実施した学力検査の3項目の正答率としよう。この関係を示したのが図5.6である。

横軸は学力テストの合計得点(特性値θ)で「学力」を表わす。縦軸は3つの検査問題の正答率である。正答率を見ると，項目1は合計得点が上昇しても正答率の上昇率が小さい。項目7と項目13は類似の上昇カーブであるが，項目13は高得点方向(右)にズレている。

カーブの上昇率は項目の弁別力を表わして

表5.3 項目とテスト得点の関係を表わす架空のデータ

合計得点	正答率		
	項目1	項目7	項目13
12	.80	1.00	.95
11	.73	.82	.62
10	.60	.87	.53
9	.51	.70	.16
8	.42	.49	.05
7	.35	.23	.00
6	.28	.10	.00
5	.25	.06	.00
4	.24	.03	.00
3	.21	.00	.00
2	.20	.00	.00
1	.18	.00	.00

いる。項目1は合計得点との関係が小さく，弁別力が乏しいので，省くべきであろう。項目7と項目13は弁別力はほとんど同じだが，項目13は高得点方向にズレているので，天井効果を招きやすい。項目7は弁別力，項目困難度の点で最も望ましい項目といえる。これらのカーブを項目特性曲線(Item Character-istic Curve : ICC)という。

1) 基本モデル

項目特性曲線を数学的に記述しようとしたのが1970年から1980年代初期に始まった項目反応理論(Item Response Theory : IRT)である。多くの変数は正規分布をするが，学力検査などでは一定の学力値以上はすべて正答するので，正規分布の累積分布で表現できる。これが正規累積モデルである。

正規累積モデルは自然な仮定に基づいていて直感的に理解しやすいが，計算は非常に複雑になる。そのため，指数関数で正規累積モデルを近似したものがロジスティックモデルで，現在，広く利用されている。代表的な3パラメタ・ロジスティックモデルのみを紹介しておく。

$$p(\theta) = c + \frac{1-c}{1+exp(-Da(\theta-b))}$$

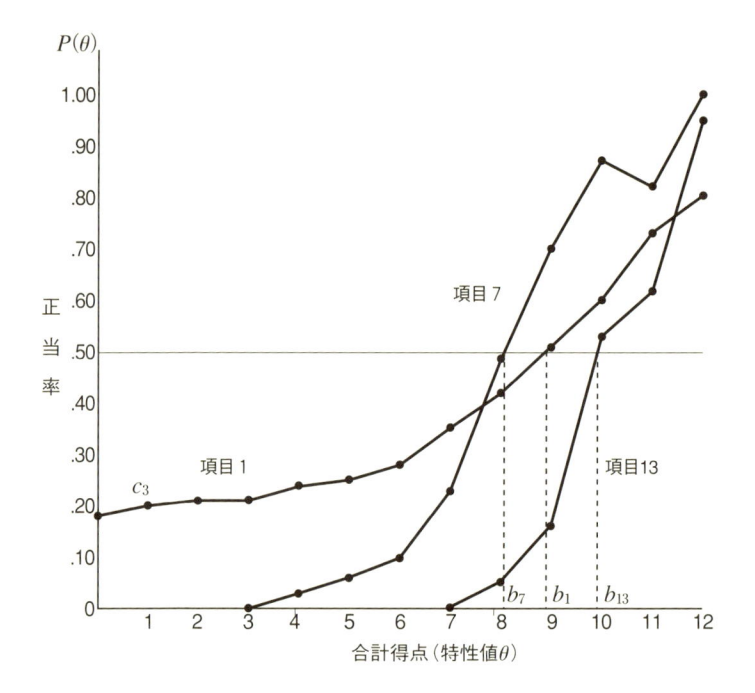

図5.6 合計得点と正答率の関係

　ここで，$p(\theta)$はある潜在特性θにおけるテスト項目の正答率，パラメタaは項目の識別力，パラメタbは項目の困難度，パラメタcは偶然正答水準と解釈されている。Dは定数で1.702である。このとき，正規累積モデルと非常によく似た曲線になる。$c=0$の場合は2パラメタ・ロジスティックモデル，さらに$a=1$とした場合が，1パラメタ・ロジスティックモデルである。

　項目情報関数は，

$$I(\theta) = D^2 \frac{a^2 (p(\theta)-c)^2 (1-p(\theta))}{p(\theta)(1-c)^2}$$

で計算され，テストの測定精度に対する特定の項目の寄与を表わす。全項目の総和がテスト情報関数である。テスト情報関数は尺度のレベルごとに測定精度が評価できるので，項目反応理論では信頼性係数の代わりに用いられる（豊田，2002a）。

　テスト特性曲線（Test Characteristic Curve：TCC）は各項目の正答率の総和（尺度得点）で，

$$T(\theta) = \sum_{j=1}^{n} w_j p_j(\theta)$$

となる。ここで，$T(\theta)$はある潜在特性θにおけるテスト得点，$p_j(\theta)$はある潜在特性θにおける項目の正答率，w_jは項目の重みづけである（豊田，2002a）。テスト特性曲線は潜在特性とテスト得点の対応関係が表現されている。テスト特性曲線の解釈も項目特性曲線の解釈と同じで，傾きが急な領域は識別力が高く，緩やかな領域は識別力が低いことを意味する。

2）分析例

村上と福光(2005)から3パラメタ・ロジスティックモデルによる問題攻撃性尺度の分析例を図5.7に示しておく。被検者は814名の小学生である。尺度構成は基準関連的方法によるが，項目反応理論でも分析してみた。プログラムはハンソン（Hanson, 2002）のIRT Command Language Version 0.02031である。プロットデータは自作プログラムで作成し，Gnuplotでグラフを描いた。両者ともフリーソフトである。

項目1は「いろいろなことをたくさん知っています」で，内容は攻撃性と直結していない。±2σの範囲では識別力がない(平坦である)が，2σ以上の攻撃性の顕著な児童で識別力が働く。項目2は「からかわれたら，たたいたりけったりするかもしれません」で，±1σの範囲で識別力が大きい。項目3は「すぐにおこるほうです(すぐにむかつくほうです)」で，平均値以上で急激に曲線が立ち上がっている。これは，識別力が特に大きいことを示す。

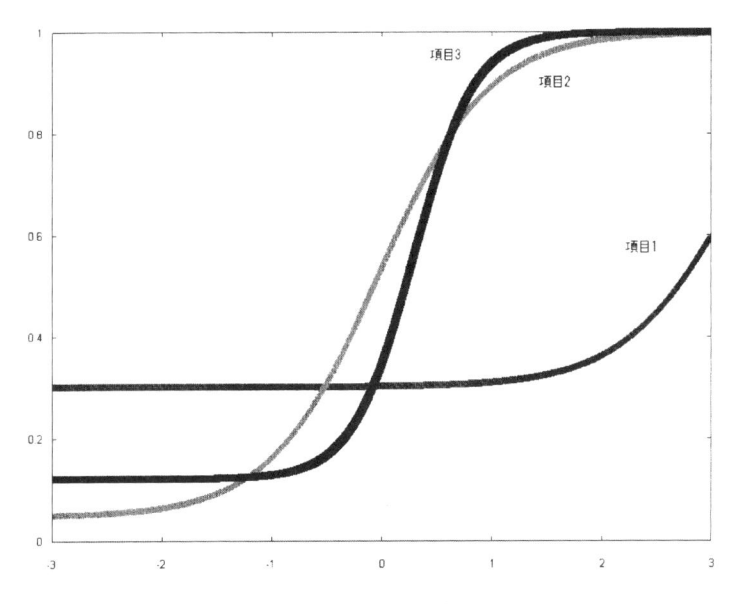

図5.7　項目反応曲線の例

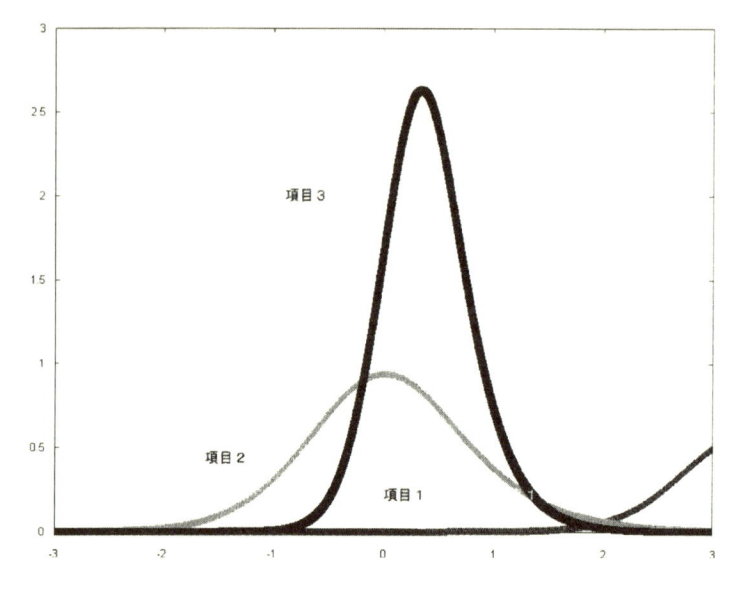

図5.8　項目情報関数の例

　項目情報関数は図5.8に示した。項目1は2σを超えないと機能しないが，項目2は平均レベルで情報量が多い。項目3は平均を少し上回るレベルで情報量が顕著である。
　テスト情報関数は図5.9に示した。全13項目の情報量である。0.4σあたりにピークがある。低得点側は－2σから測定不能になるが，高得点側では比較的情報量が多く，3σでも情報量が維持されている。これは問題攻撃性尺度が攻撃性の顕著な児童の測定に成功していることを示す。
　テスト特性曲線と得点の散布図を図5.10に示した。潜在特性が－1から＋1の間は識別力が比較的高く，－1.5以下や＋1.5以上では識別力が低い。つまり，尺度得点では両極端の3点以下や11点以上で識別力が劣っていた。潜在特性で－1.5以下や＋1.5以上の児童がほとんどいなかったためである。

3）利用上の注意

　項目反応理論は学力テストのような単純な状態を想定して発展した。学力テストの場合は，合計得点が「学力」の適切な指標であると，信じて疑わない場合が多い。項目反応理論では，この合計得点を利用して，個別の項目のふるまいを数学的に記述する。
　主な計算アルゴリズムに，周辺最尤推定法とベイズ推定法があり，ソフトによって実装方法はすべて異なる。例えば，ベイカーとキム（Baker & Kim, 2004）の例示プログラムで

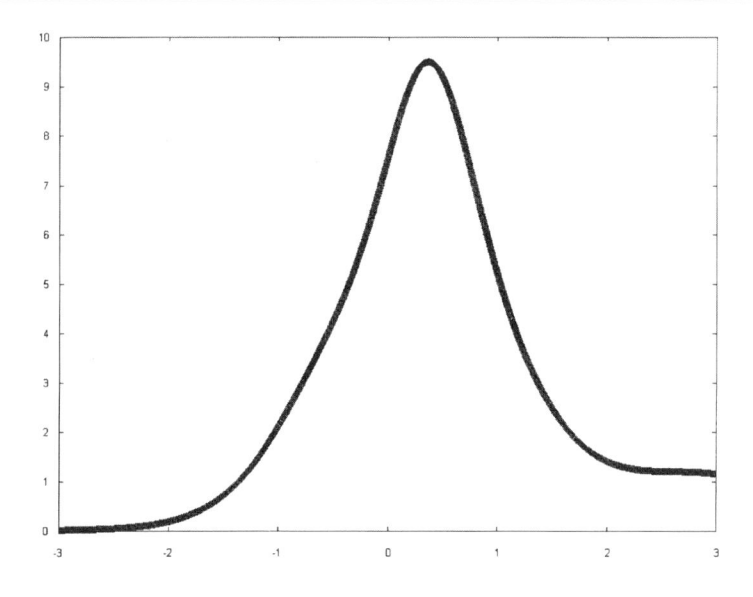

図5.9 テスト情報関数の例

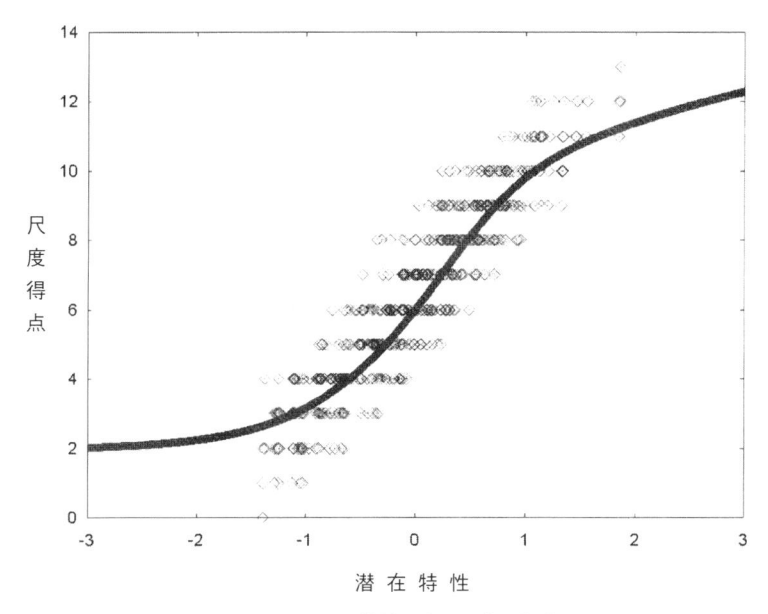

図5.10 テスト特性曲線と得点の散布図の例

は，被検者の能力レベルを10に分けて，被検者数と正答数を算出してから，近似計算に入っている。BILOGという市販のプログラムでも同じである。

曲線の当てはめを想定すると，能力レベルの数は多いほうがよいが，レベルあたりの被検者数は少なくなる。能力レベルの数を少なくするとレベルごとの被検者数はふえるが，あてはまりが悪くなってしまう。能力区分は試作版尺度の総合点を用いるほかはない。

項目反応理論は基本的に内的基準に基づく分析方法である。項目反応理論を共分散構造分析を利用して外的変量に結びつける試み（Muthén, 1988）はあるが，まだ一般的に使える状態にはなっていない。残念ながら，基準関連妥当性の問題はほとんど検討されていない（例えば，豊田，2002a, 2002b）。項目反応理論で作成された尺度の基準関連妥当性を評価すれば，かなり悲惨な結果が得られるだろう。

まとめておこう。

① テストが単一の能力を測るという一次元性の仮説がある。これはかなり強い仮定である。したがって，項目反応理論を適用する前に因子分析等を行なって一次元性を確認しなければならない。
② 項目反応理論を適用するには，あらかじめ妥当性の確認された多数の項目を用意する必要がある。ところが，一次元的で，妥当性が高い項目を多数用意することは，事実上，不可能なことが多い。筆者も問題攻撃性尺度と小学生用BigFiveで試みたが，項目分析理論を適用するほどの項目数は残らなかった。
③ 項目反応理論のパラメタは標本から独立に推定できるという仮定があるが，これには強い批判がある。クライン（Kline, 1986）はラッシュモデル（1パラメタ・ロジスティックモデル）で被検者集団が違えばパラメタが異なると主張している。
④ 安定したパラメタを推定するには，2パラメタ・ロジスティックモデルで500名程度，3パラメタ・ロジスティックモデルで1,000名程度が必要とされている。実際上は標準化に近い人数が必要であり，利用が進まない原因の1つである。

しかし，項目反応理論は産業界のテスト開発や実施場面で活発に適用されている（渡辺・野口，1999）。項目反応理論を使えば，テストをコンピュータで実施する場合には，リアルタイムに能力値やテスト情報量を計算し，項目を選択しながら提示できる。コンピュータによる適応テストを行なえば，項目数が多くても，短時間で個別に実施が可能になる。

9．予備尺度の作成と信頼性係数の算出

試作版尺度を元にして，古典的な項目分析，相関分析，因子分析，項目反応理論などを適用し，項目の弁別力を確認する。そして，予備尺度を作成し，信頼性係数の算出，素点

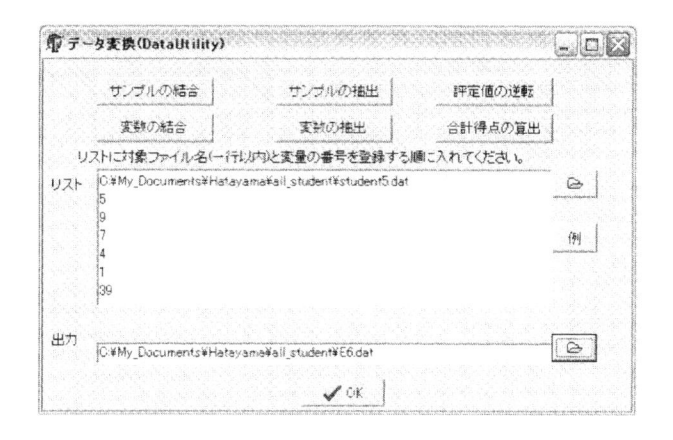

図5.11　データ変換プログラム（変数の抽出）

の算出，妥当性係数の確認と一連の手続きを行なう。一度の分析だけで満足な結果が得られることはないので，分析を何度も繰り返すことになる。

　変数選択の方法はソフトによって異なるが，データ入力画面は図2.2（p.14)のような形式である。SPSSなどはすべてのデータをメモリ上に置くので，列を指定して変数選択を行なう。筆者の自作のソフトはデータをすべてファイルに落としてから処理するので，ユーザフレンドリではないが，一応は使える。

　図5.11はデータ変換プログラムを起動し，変数の抽出モードにした状態である。1行目に変換の対象となるファイル名，2行目からは取り出す変数番号を入力する。出力ファイルを指定し，実行すると新しいファイルが作成される。

　α係数は最も手軽に計算できる信頼性係数である。これも何通りか計算するので，手間を省くために，採用予定項目を重要度の順に指定し，相関行列を作成し，それを元にして自動的にα係数を算出するプログラムを作成した。

　小学生用BigFiveでは因子負荷量の大きさの順に項目を追加せず，担任による評定値との相関のある項目を優先した。図5.12は外向性項目の相関行列を元にしてαを算出するプログラムの実行結果である。最大で6項目しかなく，順次，6番目，5番目と変量を1つずつ削除して，α係数を求めている。これは，因子分析結果から因子負荷量の順に変量を抽出し，項目を減らして幾通りかの分析をすることを想定したものである。この場合，6項目のα係数は0.654とやや低い値となった。しかし，妥当性のある項目はこれだけであった。それで，予備尺度の項目数を6とした。

```
[ α係数連続算出 ( Alpha ) ]
ファイル名:C:\Hatayama\all_student\E6.COR
                    相関行列
            1       2       3       4       5       6
    1.000  -0.281  -0.200   0.314   0.343   0.243
   -0.281   1.000   0.207  -0.223  -0.284  -0.214
   -0.200   0.207   1.000  -0.239  -0.147  -0.224
    0.314  -0.223  -0.239   1.000   0.212   0.259
    0.343  -0.284  -0.147   0.212   1.000   0.201
    0.243  -0.214  -0.224   0.259   0.201   1.000

マイナスの相関の項目は逆転して計算しました。
全   6変量の時     α係数= 0.654
1〜  5変量の時     α係数= 0.619
1〜  4変量の時     α係数= 0.564
1〜  3変量の時     α係数= 0.472
1〜  2変量の時     α係数= 0.439
```

図5.12　α係数連続算出プログラムの実行結果

10. 素点と妥当性係数の算出

　尺度得点の算出は，意外に手間のかかる作業である。それで図5.13に示したように，汎用の素点計算プログラムを作成した。「はい」と「いいえ」の2値データや評定尺度データのデータ・ファイルを指定し，そのまま加算する項目番号と，逆転して加算する項目番号を入力すると，自動的に素点データ・ファイルを作成する。無回答も全項目の応答を調べる必要があるので，図5.14のプログラムを作成した。
　図5.15は担任による評定結果と予備尺度(小学生用BigFiveの外向性試作版)との相関係数である。0.230と十分な値ではないが，1%水準で有意な妥当性係数である。

11. 尺度開発後

　項目の組み替えを何度か行ない，信頼性係数と妥当性係数が満足すべきものであれば，心理尺度の作成は一応終了する。ただし，心理尺度作成時に用いた外部基準(併存的・予測的)から求めた妥当性係数は，そのサンプル特有の誤差変動のために，高めに出ている可能性がある。得られた結果が別のサンプルでも成り立つことを確認するために，妥当性

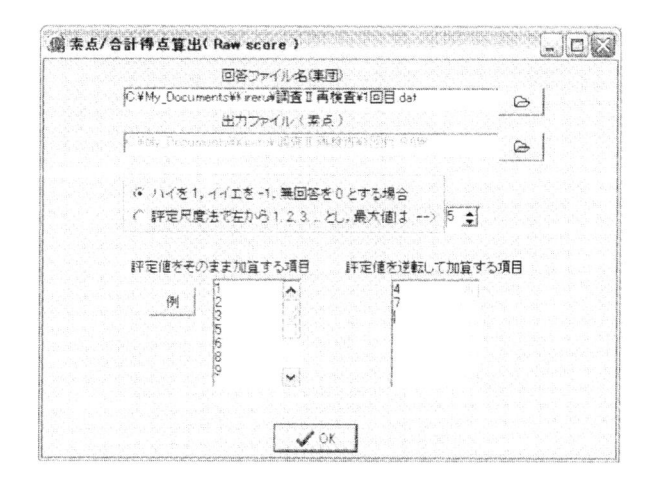

図5.13　素点計算プログラム

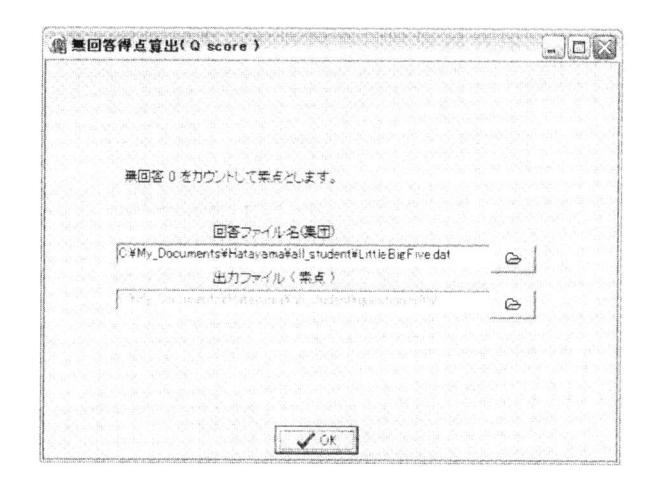

図5.14　無回答算出プログラム

```
[ 2ファイル間相関( Correlation2 ) ]

ファイル名:C:\My_Documents\Hatayama\all_student\E6.RAW

ファイル名:C:\My_Documents\Hatayama\all_student\E_teacher.dat

サンプル数 =      815


E_teacher.dat                        E6.RAW
         1
   1    0.2303**
```

図5.15　小学生用BigFiveの外向性試作版項目と担任による評定の相関分析

の検証を行なう必要がある。これを交差妥当化(cross-validation)という。

　交差妥当化を行なうと一般的に妥当性係数が小さくなる。これを妥当性の収縮(validity shrinkage)と呼ぶ。妥当性の収縮は避けられないが，これを最小に抑えるには，心理尺度の作成に用いたサンプルをなるべく大きくして精選すること，試作版尺度に含まれる項目をなるべく多くすること，少人数で基準関連的な尺度構成をしないことなどがあげられる。

　併存的妥当性や予測的妥当性の追加研究は別のサンプルですべきである。併存的妥当性研究は，外部基準で妥当性が証明され，かつ，構成概念的に密接に関連した既存の心理尺度を使用すべきであるが，この基本的な前提を満たしていない研究があまりにも多い。異なった構成概念に属する心理尺度でも，自己記入式であるからには，ともに自己意識が反映しているので，何らかの関連性があっても不思議ではない。客観的な外部基準との相関分析や，仲間評定などの他者評定を積極的に行なうべきであろう。

　心理尺度は，素点を用いれば研究には使用できる。しかし，一般的には標準化が必要である。その際，問題は標準化サンプルの代表性で，これが適切でなければ，標準得点の解釈の妥当性は乏しい。

1）標本抽出法

　以下に主な標本抽出法を説明する。

　①無作為抽出法：ランダム・サンプリングとも呼ぶ。母集団から各標本をまったく同じ確率で選ぶ方法である。適当な，でたらめな方法では無作為抽出にならないのが普通である。具体的には乱数表やくじを利用して標本抽出を行なう。統計技法の適用には

理想的な方法である。ただし，単純で簡単な方法に思えるが，母集団が日本人全体というように大規模集団になると，ランダム化は難しい。性格検査などの質問紙法では行なわれた例がない。

②系統抽出法：母集団の規模が大きい場合，単純な無作為抽出法を適用すると，作業量がふえて実行困難になることがある。そこで，母集団に1から番号をつけ，等間隔に抽出する方法がある。例えば，1,0000名から100名を抽出する場合，100/10000＝1/100の確率で調査対象者を抽出すればよい。最初に乱数表を見て，スタート番号(例えば56)を決め，100番目ごとに(156, 256…と)抽出すると，ちょうど100名の調査対象者が選ばれる。数千名規模の社会学的調査でよく利用される。

③層化抽出法：職業，収入，教育歴，世代など，調査内容に影響しそうな統計カテゴリーで母集団をいくつかの階層に分け，各階層から調査対象者を抽出する方法である。一般的に，階層の人口比に比例させる比例割り当て法が用いられる。階層の内部では，統計値がなるべく等しくなるように，階層の間では，統計値の平均がなるべく大きくなるように階層を決める必要がある。無作為抽出法や系統抽出法と比べると，少ない標本でも測定精度を上げることができる。社会学的調査でよく利用される。

④多段抽出法：全国調査などの場合，無作為抽出法や系統抽出法を適用すると，調査員が広い地域を移動しなければならなくなる。そこで，まず大都市，小都市，市町村などを抽出し，次に住民票から調査対象者を抽出するという方法をとる。手続的には等確率抽出法と確率比例抽出法に分かれる。どちらの方法でも個人が調査対象者に選ばれる確率は同じである。等確率抽出法は，各都市を無作為に(等確率で)抽出し，その後，調査対象者を人口比に合わせて抽出する方法である。確率比例抽出法は，各都市を人口比に応じた確率で抽出し，その後，調査対象者を無作為に同数ずつ抽出する方法である。なお，全国調査などの場合は，国勢調査と比較するため，調査対象者の教育状況，職業などについての質問項目を含めておくべきである。そうすれば，それらの割合が国勢調査と同じであると検証できる(村上・村上, 1996)。

残念ながら，ほとんどの質問紙法は大学生を被検者にして標準化されている。1980年以降に標準化された質問紙法を以下にまとめておこう。

①CF式(千葉大式)性格検査の標準化は，高校生(男性167名，女性192名)，大学生(男性178名，女性181名)，社会人(男性146名，女性93名)の計957名である(柳井ら, 1987)。しかし，サンプリング手続きは不明である。
②TEGの第2版は，男性3,175名(平均年齢36.1±12.1歳)，女性2,462名(平均年齢32.9±12.0歳)の計5,637名で標準化された。年齢範囲も広く，職業は，製造職，事務職，管理職，営業職，学生，主婦などである。調査地域も19都道府県に及んでいる(末松ら, 1993)。ただし，サンプリング手続きや被検者の内訳は公表されていない。

③FFPQ は大学生(男性239名,女性691名)で標準化された。被検者は7つの大学で心理学関係の授業を受講していた大学生であった。
④MMPI-1, MINI, MINI-124は多段階無作為抽出法で,四国,沖縄を除いて全国を7ブロックに分け,15都道府県,30区市町村,80小学校区を抽出し,男女4,700名を無作為抽出し,郵送法で回答を求めた。有効回答数は男性494名,女性684名で,青年期15～22歳(男性122名,女性187名),成人前期23～39歳(男性107名,女性218名),成人中期40～59歳(126名,女性168名),成人後期60歳以上(男性139名,女性111名)で標準化を行なった。教育歴や職業などの構成は,国勢調査の結果とほぼ一致していた。また,不応答の平均は0.3～0.4で,アメリカと同様に0に近かった(村上・村上,1996)。世代別に標準化した質問紙法は世界でも例がない。
⑤MMPI新日本版の標準化は,男性566名,女性677名である。作成委員会が,全国を8地方に分けて,1990年の国勢調査の人口数に比例した人数を,標準化の協力者190名に配分した。次に,協力者190名が,国勢調査の結果に近づくように,被検者を意図的に選択した(MMPI新日本版研究会,1997)。MMPI新日本版の標準化は,被検者の意図的選択を行なったこと,標準冊子とは異なる項目文章に続いて回答欄が印刷されている冊子を使ったこと,不応答が10以下となるように明確に指示したことなど,問題がある。
⑥BigFiveも多段階無作為抽出法で,全国を北海道,東北,関東・信越,中部,関西,中国・四国,九州・沖縄の7ブロックに分け,23都道府県,46区市町村を抽出し,4,100名に郵送法で依頼した。有効回答数は1,166名であった。MMPI-1, MINI, MINI-124に準拠し,青年期(12～22歳／男性123名,女性131名),成人前期(23～39歳／男性130名,女性183名),成人中期(40～59歳／男性159名,女性155名),成人後期(60歳以上／男性163名,女性122名)に分割して標準化を行なった(村上・村上,1999b)。

性格検査の標準化集団は理想からほど遠いのが現実である。ほとんどは機会サンプリングで,たまたまデータ収集しやすい被検者集団を利用している印象を受ける。サンプリング手続きを明記していない心理検査が多い。筆者らのMMPI-1, MINI, MINI-124, BigFiveは例外で,バイアスは少ない。しかし,返送率が低く,返送したのは協力的な被検者に限られる。結局,どのような方法をとっても,質問紙に回答する協力的な被検者のデータに基づいて基準が作成されてしまう。

2) Z得点による標準化

大部分のデータの分布は正規分布に近いので,平均値や標準偏差など,測定単位の違いを標準化すると便利である(p.21)。心理尺度の場合はZ得点を用い,平均50,標準偏差10に変換する。心理尺度を作成すれば,標準得点への換算表を作成する必要がある。標準得

点がわかれば，集団での順位が明らかになり，解釈が可能となる。

標準得点換算表(汎用版)プログラムは，簡単に換算表を作成するために作成した。図5.16は，小学生用BigFiveのE6尺度の素点ファイルを指定し，平均3.440，母標準偏差1.763を入力した結果である。Z得点で90まで自動的に算出するので，素点が7以上の無意味な算出結果が出力された。この尺度は6項目しかないので，65点が最高得点であるという欠点がある。

```
[ 標準得点換算表(汎用版) ( ZTable ) ]

外向性 E6


    素点     標準得点
   ----------------------
      0        30

      1        36
      2        42
      3        48
      4        53
      5        59

      6        65
      7        70
      8        76
      9        82
     10        87
   ----------------------
```

図5.16　標準得点換算表プログラムの実行結果

3）正規化T得点

得点分布が正規分布から離れると，標準得点と順位が対応しなくなる。つまり，標準得点で70点ならパーセンタイルで98，つまり，100人に2人程度の出現頻度なのに，10人に1人とか，頻度が大きく変わってしまうことがある。すると，70点は異常値とはみなせないので，解釈も変更する必要がある。このような場合に得点分布を正規分布に変更して標準得点を求める。池田(1994)のパーセンタイル順位からT得点に換算する表を使うと簡単であるが，クライン(Kline, 1986)に準じて手順を示す。

1．度数分布表から累積度数を求める。累積度数は特定の素点以下の度数を合計したものである(p.15)。
2．累積度数から各得点幅の中間点を求める。これは各得点における度数の半分を各得点の累積度数に加える。例えば，素点5の累積度数が10で，素点5の被検者が4名の場合，素点6の中間点は12である。
3．累積度数の中間点を総頻度で割り，累積率を求める。
4．累積率は正規分布表の面積に該当するので，正規分布表からzを読み取る。z以下の面積を表示している表を使うと便利である。0〜zの面積しか表示されていない場合は，累積比率から0.5をひいた値で見る。
5．求めたzを線形変換する。性格検査の場合は$T=10z+50$である。

知能の分布のように正規分布が理論的に仮定される場合や，正規分布からの逸脱が大きく解釈に支障が出る場合などはT得点化したほうがよいが，もとの分布を歪めてしまう。Z得点とT得点の違いを簡単にまとめておこう。

①得点分布がほぼ正規分布している場合，Z得点とT得点はほぼ同じである。このため，Z得点による標準化にもかかわらず，アメリカのMMPIのようにT得点と呼ぶことがある。これは厳密には誤りである。
②得点分布が正規分布から，はずれている場合，Z得点とT得点は大きく食い違う。Z得点を使うと，高得点者や低得点者が異様に少なくなったり，多くなったりして，解釈に支障をきたす。T得点ではこのような弊害はない。
③得点分布に正規分布が仮定できない場合，分布の歪み自体が何らかの心理的事実を物語っているかもしれない。このような場合，T得点化を行なうと分布を正規化してしまい，その心理学的事実は覆い隠されてしまう。T得点化が常に望ましいわけではない。

4）ロジット標準点

項目反応理論は項目ごとに潜在特性θと正答率$p(\theta)$の関係を数学的に記述するモデルである。池田(1994)はテスト得点は全項目の正答率の総和になるので，能力尺度値とテスト得点Xを項目数nで割った得点率(X/n)の関係をロジスティック曲線で描いたロジット標準点を提案した。

$$\theta = a\ln(X-L) - b\ln(M-X) + c$$

ここで，$\ln$は自然対数，Lは最低点，Mは最高点，a，b，cは尺度の平均と標準偏差を整えるための定数である。テスト得点の分布が歪んでいても正規分布に近い形に変換できる。

項目反応理論の場合は，テスト特性曲線を利用すれば潜在特性 θ とテスト得点の関係がわかるので，テスト得点から θ を読み取る表を作成すればよい。θ は線形変換可能なので，標準得点と同等に変換するとわかりやすくなる。

5）論文，解説書の執筆

心理尺度を一通り作成すると，論文にまとめて，一区切りをつけるが，多くの人に使ってもらうためには，マニュアルや解説書の執筆，出版が不可欠である。ところが，日本では心理テストを出版する場合，薄いテストマニュアルだけで，めったに数百ページのハンドブックは出版されない。これは出版社が目先の利益追求のみを行なう結果で，研究者（開発者）は妥協してはならない。

マニュアルやハンドブックに書くべき内容をアメリカ心理学会の倫理要綱（AERA, APA & NCME, 1985/1993）を参考にして，筆者なりの考えを以下にまとめておく。

① テストの開発者は，論文を執筆すると同時に，簡潔なマニュアル，専門家向けのハンドブック，一般向けの啓蒙書を執筆する。
② テストの開発者は論文やマニュアルに，信頼性と妥当性の根拠を完全に記述すべきである。特に，信頼性係数や妥当性係数を算出したサンプルの性質，標準化集団のサンプルの属性，サンプリング法などを詳細に記述する。
③ テストの実施法，採点法，解釈法等を明確に記述すべきである。特に，測定対象となる被検者集団の性質や範囲を規定し，望ましい使用方法を示すとともに，予想される誤用に対して具体的な警告を記述する。
④ テスト得点に基づく解釈，行動予測等は量的な指標，例えば，得点範囲，基準との相関，回帰係数等で表現すべきである。有意差検定等は，妥当性の大きさを定量的に示す指標ではない。
⑤ ハンドブックには典型的な研究を偏りなく引用すべきである。もし，ハンドブックの出版が不可能な場合は，詳細なデータをPDFファイル等の電子的手段で公開する。

筆者は主要5因子性格検査（BigFive）の開発後，マニュアル，一般向けの解説書，ハンドブックを出版したが，ハンドブックは低コストで出版するために，すべてをLaTeXで作成し，研究室のレーザープリンタで出力したものをオフセット印刷した。テスト開発者は社会的責任も負うので，ハンドブックを出版しない場合は，PDFファイル等で詳細なデータを積極的に公開すべきであろう。

第6章 尺度開発の実際

1．作成現場から

　学会誌に発表された心理尺度はそのまま使うのが望ましい。しかし，修論や卒論等で類似のデータ収集を行ない，因子分析をすると，同じ因子が現われない。つまり，因子構造等に再現性がない。信頼性係数としてα係数しか報告されず，予測的妥当性の証拠もないことが多い。例えば，次のような事柄に注意を払って学会誌の論文を吟味するとよい。

①測定対象の構成概念に対して，十分な内容領域を含む形で，項目の収集・執筆がされているか。その内容領域は研究者の主観的判断だけに基づいていないか。特に，内容領域の基準枠を利用して，内容的妥当性をチェックしたか。このような基本的な事柄は意外に検討されていない。

②項目困難度(是認率)や得点分布を調べたか。分布が歪んでいると，社会的望ましさの影響を受けやすい。相関行列の計算の点で望ましくないし，因子構造にも大きな影響を与える。これも意外に検討されていない。

③因子分析法を尺度構成に利用する場合，十分なサンプル数(100名以上)を満たしているか。サンプル数を十分にふやさないと，因子の再現性が乏しくなる。また，サンプルに偏りはないか。大部分のサンプルは大学生である。一般的な尺度は開発可能であるが，うつ傾向や妄想傾向など，やや病理的な尺度を大学生をもとに作成しても，弁別力が劣る場合が多い。

④因子数の決定法は明確か。スクリー法では，固有値が直線的に減少することを利用して，誤差因子と判断する。そのためには因子を10程度は抽出しておくべきだろう。ところが，5因子程度しか抽出せずに，スクリー法で因子数を決定したという論文が多い。これは，スクリー法を理解していない証拠である。もちろん，確認的因子分析を適用し，適合度を比較する方法もある。しかし，適合度の差はどの程度で意味があるとみなせるのか，判断が難しい。また，適合度で共通因子と誤差因子の弁別ができる保証もない。慎重に判断すべきである。

⑤1回だけの因子分析結果から尺度が作成されていないか。因子分析的尺度構成の場合には，各因子ごとに負荷量の大きな項目を集めて尺度を作るが，負荷量が小さい項目はどの尺度にも属さないことがある。このような場合，採用予定の項目のみから相関行列を作り，因子分析をやり直すべきである。相関行列から項目を1つ除外するだけでも，全体の因子軸の方向が変化してしまう。筆者の場合，少しずつ項目を除外しつ

つ，数回～10回程度は因子分析を繰り返し，単純構造を導いてから尺度構成を行なうことが多い。
⑥因子の再現性の主張は，客観的な指標に基づいているか。例えば，ある項目群を2つの被検者集団に実施して別々に因子分析を行なったとしよう。因子の比較を行なう場合，研究者は同じ因子に属する項目内容を主観的に比較して，同じ結果が得られたと主張しがちである。因子構造の類似性の指標を計算し，その数値に基づいて判断すべきである。簡単には，対応する変量の因子負荷量をもとに因子間相関を求めればよい。ただ，相関係数はパタンのみに敏感な指標である。パタンと大きさの両方に敏感な指標として一致係数がある。

$$CC = \frac{\sum_{i=1}^{k} f_{1i} f_{2i}}{\sqrt{\sum_{i=1}^{k} f_{1i}^2 \sum_{i=1}^{k} f_{2i}^2}}$$

ここで，f_{1i}，f_{2i}は被検者群1と2の因子負荷量，kは変量の数である(Levine, 1977/1984; 使用例は，佐藤ら, 2001)。複雑な方法では，どちらかの因子負荷行列をターゲットにして，同一構造が得られるかを調べる方法もある(Cliff, 1966; 使用例は，村上, 1986)。
⑦基準関連妥当性の証拠はあるか。併存的妥当性の検証は基準関連妥当性の確認されたテストを用いる必要がある。しかし，現実にはTEGやY-Gとの相関を求めて，平然と妥当性を主張する研究が多い。TEGやY-Gの妥当性のなさはp.10で指摘した。

学会誌の心理尺度でも上記の観点からは高く評価できるものは少ない。以下に筆者が開発してきた尺度，修論，卒論の尺度を紹介する。筆者の開発法がすべて正しいわけではないし，卒論指導も十分には行なっていない。特に卒論は1～2か月の短期決戦型である。追究は不十分だが，学会誌の尺度より劣るという根拠も見あたらない。尺度作成の演習の一例として，参考にしていただきたい。

2．主要5因子性格検査(BigFive)

筆者はたまたま「最新コンピュータ診断性格テスト―こころは測れるのか」(日刊工業新聞社, 1993年)を執筆したことから，ビッグファイブ・モデルの重要性に気づいた。しかし，MINI-124という性格検査を世に送り出し，一般向け解釈サービスソフトを開発するなど，仕事が山積みで，すぐに研究を行なう時間がなかった。

日本の性格研究はひどく遅れていた。測定手段がなければ研究もできない。したがって，ビッグファイブ・モデルに基づく性格検査の開発が急務であった。欧米諸国ではビッグファイブの基礎に半世紀にわたる語彙研究があったが，日本にはほとんどなかった。

辻(1998)はFFPQ(5因子性格検査)を作成していたが,実証的研究を行なわず,独自の5因子モデルを提案していた。尺度の作り方にも問題があった。特に下位尺度の採点方向は因子分析結果とは矛盾していた。信頼性研究はたった47名で行ない,妥当性研究はY-G,TEG,GHQ(精神健康調査票)と同時実施し,FFPQを含めて因子分析する方法であった。尺度構成法や妥当性研究の方法論が間違っていた。

特に辻ら(1990)は,EPQ(アイゼンク性格検査)をLie(虚偽)尺度[*1]を含めて因子分析するなど,尺度作りの知識がなさすぎた。したがって,FFPQに将来があるはずがなかった。事実,FFPQは利用が進まないのか,藤島ら(2005)によって短縮版FFPQ-50が作成された。しかし,妥当性検証は基準関連妥当性が不明のエゴグラムとの相関を求めただけである。基準関連妥当性が確認されたテストを利用するか,仲間評定などを利用して予測的妥当性を確認すべきである。

一方,1992年からNEO-PI-Rの日本版も進行中であったが,理論主導の5因子モデルであり,5件法で240項目もあり,実施に長時間かかった。アメリカでは広く使われていたが,項目数が多すぎるので,日本では普及するとは思えなかった。NEO-PI-Rは1999年にやっと出版された(下中,1999)。標準化集団はかなり偏っているし,翻訳にも問題がある。実施時間からは60項目のNEO-FFIが望ましいが,NEO-FFIは語彙アプローチに基づくビッグファイブ・モデルからやや逸脱する傾向がある。

語彙研究は青木(1971)の性格用語の研究があった。しかし,1974年の『個性表現辞典』の出版で終了した。この研究に近いのは,和田によるゴフ(Gough, H. G.)とハイルブラン(Heilbrun, A. B. Jr.)の形容詞チェックリストの日本版の研究で,柏木ら(1993)に発表された。分析は柏木によるプロクラステス回転である。ビッグファイブを仮説構造として与え,その方向に回転するので,5因子構造が現われるのは当たり前である。副作用として斜交軸の相関がかなり高くなった。和田(1996)のプロマックス回転の結果も同様の欠点があった。

筆者がモデルにした研究はゴウルドバーグ(Goldberg, 1992)のチェックリストである。論文を一読して,「これは使える」と直感した。ゴウルドバーグの関連論文をすべて読み,研究を開始した。基本方針は,ゴウルドバーグのチェックリストを基準とすること,古典的,探索的な直交因子分析法を使用することの2つであった。因子分析結果の解釈は事後説明的で,主観的推論に陥りがちなので,これを防ぐには外部基準が必要と考えた。また,欧米の研究は一貫して探索的因子分析の直交解である。直交解でビッグファイブを確認した後,確証的因子分析を適用するのがルールであろう。

1)製作

1994年,試作版95項目を作成し,大学生236名に実施した。質問項目は,柏木ら(1993)と石田ら(1991)から形容詞を収集して文章化し,NEO-PIのFFIの翻訳を加えたものである。マーカーとなる形容詞を入れて分析すると,5因子解では一部のマーカーの因子負荷

量が小さかったので，6因子解を採用した。6因子目に分類された17項目と1～5因子の因子負荷量の小さな項目とマーカーを削除し，69項目の因子分析を行なうと，きれいな5因子構造が得られた。各因子とチェックリストとの相関は0.47～0.71の範囲であった。

この試作版でも使えると思ったが，ゴウルドバーグのチェックリストは，内省力のある大学生が正直に回答した場合にのみ，妥当性があるはずである。建前で回答したり，内省力のない被検者は省くべきであった。また，より大きい項目プールから出発すべきであった。結局，300項目の暫定版質問紙を作り直し，ゴウルドバーグのチェックリスト，MINI性格検査の3つを大学生496名に実施した。MINIで受検態度に問題があった被検者(約11%)を削除し，443名(男性232名，女性211名)を分析の対象とした。

表6.1　BigFiveの直交回転結果（Att尺度10項目は除外）

項目	E	A	C	N	O	項目	E	A	C	N	O
1	0.791	−0.095	−0.041	0.081	−0.088	37	0.210	0.011	−0.097	0.702	−0.073
2	0.786	−0.165	−0.053	0.006	−0.016	38	0.194	−0.037	−0.023	0.668	−0.104
3	−0.772	0.129	0.083	0.007	0.060	39	−0.175	0.002	0.187	−0.648	0.078
4	0.695	−0.127	0.001	0.116	−0.065	40	0.076	−0.033	−0.059	0.637	−0.107
5	0.673	−0.112	0.018	0.206	−0.075	41	0.007	−0.129	0.019	0.613	0.111
6	−0.640	0.224	0.047	−0.052	0.046	42	0.160	−0.038	−0.106	0.584	0.067
7	−0.636	0.155	0.001	−0.110	0.035	43	0.006	−0.162	0.123	0.578	0.161
8	−0.628	0.160	0.059	−0.075	0.029	44	0.038	0.132	−0.059	0.571	−0.081
9	−0.626	0.119	0.076	−0.020	0.082	45	−0.142	0.089	0.157	−0.556	−0.005
10	−0.578	0.188	−0.045	−0.022	0.182	46	0.152	−0.069	−0.200	0.549	0.014
11	0.547	−0.045	0.128	0.087	−0.110	47	0.076	0.048	0.141	0.535	−0.226
12	0.431	−0.084	0.029	0.214	−0.225	48	0.059	−0.170	0.137	0.457	0.045
13	−0.051	0.548	−0.111	0.064	0.043	49	−0.108	0.006	−0.108	0.045	0.633
14	0.021	0.520	−0.108	0.095	0.186	50	−0.056	−0.022	−0.158	0.056	0.567
15	−0.108	0.488	−0.037	0.149	0.201	51	−0.082	−0.069	−0.157	0.054	0.552
16	0.055	0.484	−0.120	0.042	0.129	52	−0.148	−0.111	−0.174	−0.024	0.540
17	0.099	−0.451	0.064	0.042	0.096	53	0.018	0.011	0.258	0.012	−0.524
18	0.130	−0.430	0.056	0.021	0.145	54	−0.101	−0.118	−0.114	−0.010	0.513
19	0.060	0.429	−0.135	0.102	0.148	55	−0.061	0.082	−0.157	0.051	0.471
20	0.081	−0.417	0.055	0.103	0.098	56	0.101	0.039	−0.176	−0.121	0.468
21	0.049	−0.407	−0.025	0.134	0.143	57	0.030	0.065	0.220	0.285	−0.452
22	−0.020	0.402	−0.096	−0.017	−0.106	58	−0.135	0.061	−0.062	−0.035	0.428
23	−0.125	0.385	−0.120	−0.034	0.070	59	−0.116	0.102	0.119	0.036	0.406
24	0.065	−0.344	−0.054	0.174	0.152	60	0.156	−0.011	0.111	0.207	−0.379
25	−0.004	−0.106	0.680	0.167	0.060	因子寄与	5.640	3.060	3.908	4.782	3.746
26	0.039	−0.093	0.609	0.035	0.070						
27	−0.099	−0.129	0.579	0.062	0.106						
28	−0.071	0.138	−0.565	0.058	0.069						
29	−0.091	0.064	0.537	−0.070	−0.110						
30	−0.100	−0.011	0.511	−0.051	−0.000						
31	0.002	−0.169	0.501	0.106	−0.102						
32	0.049	−0.063	−0.486	0.079	0.294						
33	0.001	−0.232	0.472	0.056	−0.051						
34	−0.048	−0.071	−0.428	0.234	0.148						
35	−0.033	0.081	−0.424	0.044	0.331						
36	−0.084	0.232	−0.415	0.116	0.079						

最初に暫定版質問紙とゴウルドバーグのチェックリストの各次元の合計点との相関を求め，大きさの順に各次元30項目，合計150項目を選んだ。次に，各次元と相関の高い項目をグループ指定して，グループ主軸法による分析を行ない，60項目を選択した。最終的に，主因子法と因子パーシモニー基準による直交回転を行なった。表6.1に結果を示す。非常にきれいな単純構造が得られた。例えば，1～12項目を見ると，[0.6 0.1 0.1 0.1 0.1]というパタンに近い。質問項目は1つの因子にだけ強い関係がある。最初からこのような構造が得られるわけではない。同時に2つの因子に負荷する項目を削除した結果である。

2）追加尺度と標準化

MMPI-1やMINIに関わってきた経験から，受検態度が測定できないと性格検査として実用にならないと考えた。それで，MINIの建前尺度（Att）から，弁別力のある10項目を追加した。また，全国標準化のデータから頻度の低い回答方向を調べて，頻度尺度（F）を作成し，でたらめな応答を検出できるようにした。

1997年，本格的な標準化を行なった。全国を7ブロックに分け，23都道府県，46区市町村の住民票から，2段階無作為抽出法により，15から80歳までの男女4,100名を抽出した。四国，沖縄など一部の地域は電話帳からの無作為抽出を行なった。郵送法で回答を依頼すると，1,176名の回答があった。有効な回答は1,166名（男性575名，女性591名）であった。世代の分け方はMMPI-1，MINI，MINI-124に準拠し，青年期（12～22歳／男性123名，女性131名），成人前期（23～39歳／男性130名，女性183名），成人中期（40～59歳／男性159名，女性155名），成人後期（60歳以上／男性163名，女性122名）に分割し，男女込みで正規化T得点という方法で標準化した。

3）信頼性

1週間間隔で大学生227名（男性102名，女性125名）に2度実施して，尺度の素点をもとに相関を求めると，0.85～0.95の範囲であった。結果を表6.2に示す。再検査信頼性はかなり高い。

表6.2 再検査信頼性と妥当性

略号	尺度名	再検査信頼性		妥当性	
		男性	女性	男性	女性
F	頻度	0.797	0.783	—	—
Att	建前	0.927	0.900	—	—
E	外向性	0.946	0.953	0.774	0.765
A	協調性	0.868	0.865	0.572	0.558
C	良識性	0.853	0.899	0.664	0.576
N	情緒安定性	0.883	0.932	0.523	0.587
O	知的好奇心	0.908	0.876	0.572	0.510

4）妥当性

(1) チェックリストとの関係

BigFive の尺度得点とゴールドバーグのチェックリストの相関を男女別に求めると，0.51〜0.77 の範囲であった。表6.2 の妥当性の項に示す。チェックリストの各次元の合計点の信頼性係数（α 係数）は，外向性（E；0.84），協調性（A；0.78），良識性（C；0.76），情緒安定性（N；0.72），知的好奇心（O；0.72）であった。各測定値がランダム誤差に左右されないとして，希釈化の修正を行なうと，E：$0.77/\sqrt{0.95 \times 0.84} = 0.86$，A：$0.57/\sqrt{0.87 \times 0.78} = 0.69$，C：$0.62/\sqrt{0.88 \times 0.76} = 0.76$，N：$0.55/\sqrt{0.91 \times 0.72} = 0.68$，O：$0.54/\sqrt{0.89 \times 0.72} = 0.68$ となった。妥当性係数としては十分に大きい。

(2) 仲間評定との関係

BigFive を大学生212名（男性111名，女性101名）に実施し，その際，ゴールドバーグのチェックリストも配布し，自分の性格を友人に評価してもらうように依頼し，1週間後に提出してもらった。チェックリストの各次元の合計点の信頼性係数（α 係数）は，E(0.83)，A(0.82)，C(0.82)，N(0.73)，O(0.64) であった。

チェックリストとの相関は，E(0.44)，A(0.37)，C(0.33)，N(0.25)，O(0.21) となった。E，A，C は中程度の相関であった。外向性，協調性，良識性は比較的観察しやすく，情緒的安定性や知的好奇心は，観察しづらいためかと思われる。

希釈化の修正を行なうと，E：$0.44/\sqrt{0.95 \times 0.83} = 0.50$，A：$0.37/\sqrt{0.87 \times 0.82} = 0.44$，C：$0.33/\sqrt{0.88 \times 0.82} = 0.39$，N：$0.25/\sqrt{0.91 \times 0.73} = 0.31$，O：$0.21/\sqrt{0.89 \times 0.64} = 0.27$ となる。仲間評定では，E，A，C の 3尺度の妥当性はまずまずだが，N と O はやや不十分であった。

(3) MINI との関係

MINI の基準関連妥当性はかなり高いと推測され，外向性や情緒不安定に関する尺度は BigFive と関連するはずである。被検者は大学生267名（男性153名，女性114名）であった。

建前尺度（Att）は MINI の Att と 0.493 の相関がある。また，Si（社会的内向）と -0.476，SOC（社会的内向）と -0.454 など，社交性と関係があり，MINI の臨床尺度とも負の相関があった。

E は MINI の Si と -0.46，ASS（交際嫌い）と -0.42，SOC と -0.36，Del（非行）と 0.41 の相関があった。この結果，E は一般的な外向性尺度と解釈できる。

N は MINI の Pt（不安，心労）と -0.44，TEN（緊張状態）と -0.39，Stress（ストレス症状）と -0.38 の相関があった。中程度の相関で，すべて情緒的安定性に関係していた。N は仲間評定では相関が低かったが，これで妥当性は確認された。

(4) GHQ との関係

GHQ 得点は医師による PSE（Present State Examination）得点との相関が 0.64 あり，基準関連妥当性は証明されている（中川・大坊，1985）。GHQ 得点は神経症傾向を現わすので，BigFive の N とも相関があるはずである。

黒川（2000）は BigFive と GHQ を同時に実施し，併存的妥当性を調べた。被検者の内訳

は高校生(平均年齢16.8歳／男性9名，女性8名)，大学生(平均年齢20.3歳／男性86名，女性63名)，一般(平均年齢40.8歳／男性22名，女性25名)で，頻度尺度(F)か建前尺度(Att)が65点以上の者25名を除いた213名である。

BigFiveのNの素点とGHQ得点との相関は，男性(-0.470)，女性(-0.410)，全体(-0.438)となり，NのT得点とGHQ得点との相関は，男性(-0.446)，女性(-0.451)，全体(-0.444)となった。したがって，Nの併存的妥当性は再度確認された。

BigFiveは純粋な因子分析的質問紙ではない。最初から併存的妥当性のデータを利用して項目選択を行ない，きれいな因子構造になるまで，変数選択を繰り返して因子分析を適用した。妥当性研究は，自己評定との相関，仲間評定との相関，MINIとの相関，GHQとの相関研究に絞ったが，すべて重要で不可欠な基準関連的な研究であると考えた。手引き，普及書，ハンドブックの執筆と，制作者の責任は果たしたつもりである。しかし，最近，困ったことに「もたもた」や「怠惰」という言葉がわからない高校生が急増してしまった。早くも改訂の必要に迫られている。

5）ビッグファイブの名称

ビッグファイブの名称は欧米でも統一されていないが，一定の範囲に収束しつつある。因子Ⅰは，SurgencyやExtraversionが多い。この因子はExtraversionを直訳して外向性でよい。

因子ⅡはAgreeablenessが優勢である。agreeableは「快い」「快適な」「喜んで同意して」を指す。Agreeablenessの翻訳は同調性や調和性でもよいが，思いやり，親切さ，人情などに関係しているので，協調性とした。

因子ⅢはConscientiousnessが多い。conscienceは「良心」「道徳心」「自制心」の意味で，直訳すると良心性か誠実性となる。和田(1996)は誠実性と訳したが，日本語では対人関係の意味に限定されてしまう。辻(1993)は勤勉性と意訳し，村上と村上(1999a, 2001)でもそれに習ったが，conscientiounessの現象的側面に意味が限定されてしまう。語源を調べると，*con-*＋*science*である。*con-*は「～とともに」「完全に」という強意，*science*は「知識」「学問」で，*scūre*(分析する，ある物を別の物と区別する)という動詞からの派生語である。語源から考えると「完全な認識力」という意味になる。「良心」や「道徳心」という辞書的翻訳は，心のあり方に意味が限定され，知識や判断力の側面が無視されてしまう。それで，今後は良識性を使用したい。

因子ⅣはEmotional Stabilityか，Neuroticismが多い。直訳すると情緒的安定性か神経症傾向である。性格検査ではEPI-RやNEO-PI-RのようにNeuroticismという用語を使うことが多いが，神経症という概念は曖昧で，ネガティブな印象を与え，誤解を招きがちであるので情緒安定性とした。

因子ⅤはCulture, Intellect, Opennessなどが多く，意見が分かれている。直訳すると，Cultureは「教養」「文化」，Intellectは「知性」，Opennessは「開放性」となる。知性や

教養を性格次元に含めるのに抵抗を感じる研究者も多く，辻(1993)は遊戯性という用語をあてた。しかし，これでは5因子モデルから離れすぎてしまう。開放性は，性格を表現する用語とは思われないし，この言葉だけでは意味不明である。村上と村上(1999a, 2001)は知性としたが，好奇心の側面が抜けてしまい，知能と混同される欠点もあった。今後は知的好奇心を使用したい。

6) ビッグファイブは普遍的か

主要5因子性格検査(BigFive)は妥当性研究でも十分な成果を収めたし，商業的にも成功した。しかし，日本でも欧米のビッグファイブ・モデルが成立するのかは，未検討であった。語彙研究は避けられなかった。ただ，必要とする労力が大きいので，よく戦略を練る必要があった。

1998年頃，辻 平治郎を中心として甲南女子大学グループが語彙研究を始めた。ほとんど同じ頃，筆者も語彙研究を始めた。調査対象を広辞苑とした点も同じであった。甲南女子大学グループは22名の研究者，科研費230万円という陣容だった。筆者はゼミ生4名，資金ゼロであった。普通なら勝ち目はない。しかし，研究は人数と資金で決まるわけではない。システマティックな思考力が勝負である。筆者は甲南女子大学グループは必ず失敗すると予想した。したがって，独自に研究を進める必要があった。

辻(2001)は，広辞苑(第5版)から用語を収集し，心理学専攻の大学院生と研究者18名が「意味がわかるかどうか」「自分が個性を表わす言葉として使うかどうか」の3段階評定を行ない，これら3種類の評定結果がすべて3.0の400語を，大学生524名(男性54名，女性470名)で自己評定を行ない，5因子解を調べた。ローデータによるエカマックス回転の結果を見ると，因子1は，外向性(E)の因子，因子2と3は不気味さと攻撃性に関する因子で，因子4は統制された知的好奇心(O)，因子5は良識性と協調性が合わさったような因子(C & A)であった。全体として，ビッグファイブとの対応は見られなかった。

辻(2001)が最終的に選んだ400語は研究者による主観評定で，実際の大学生に使用頻度等の調査をしていない。また，社会的に望ましい用語も除去しなかった。そのため，評定値(5段階)の平均値の範囲は1.77～4.06，標準偏差の範囲も0.82～1.32と広く分布していた。評定値の分散の小さい用語がかなり含まれている。そのうえ，被検者も女性に偏っていた。失敗は当然の帰結である。

オールポートとオドバート(Allport & Odbert, 1936)に始まる語彙研究は，中立的な性格特性を表わす用語のみを研究対象とする。一時的な心的状態・気分を記述する用語，社会的・評価的な性格用語，肉体的な特徴を表わす用語，比喩的用語等は除外する。ノーマン(Norman, W. T.)やゴウルドバーグの研究でもこの伝統は受け継がれた。特に評価的な用語を除外する点は方法論上の共通項である。

評価的な用語を一貫した方法で除去する方法はないか。主観評定で除去するには，社会的望ましさに関する研究を別途行なう必要があり，労力が大きすぎた。筆者が考えたのは，

評定値の分散を利用する方法である。社会的に望ましい(望ましくない)用語は回答が「はい(いいえ)」に偏るので、分散が低下するはずである(p.69参照)。したがって、ビッグファイブの成立には、①用語の熟知度や使用頻度が高いこと、②用語の分散が大きく評定値が中央付近に位置すること、が必要である。

筆者は広辞苑(第5版)のCD-ROMから出発した。まず、性格表現用語の収集ルールを作成し、学生4名が収集ルールに基づき、950語を収集した。次に、別の学生3名が950語を見直し、不適切な14語を削除し、936語を調査対象として大学生341名に「性格表現用語の理解度についての調査」を行なった。最後に、サンプリングに漏れていた辻(2001)の基本用語174語と青木(1971)の25語を大学生125名に提示し、不適切な用語を抹消させた。このようにして計934語を収集した(村上, 2002)。

村上(2003)では、同義語と反意語を整理し、554語を大学生370名(男性150名、女性220名)に自己評定させた。分散の高い317語を機械的に選択して対角成分にSMC(重相関係数の平方)を入れて20因子まで抽出した。スクリー法で因子数を5と定め、オーソマックス回転を施すと、外向性(E)、協調性(A)、良識性(C)、情緒安定性(N)、知的好奇心(O)のビッグファイブが現われた。予想通りであった。知的好奇心(O)の用語に否定表現が多いが、日本語でもビッグファイブ仮説が成立することを初めて証明した。

続く分析で、ビッグファイブを現わす基本用語100語を取り出し、側面因子(facet)を求めた。外向性は活動性・社交性・自制、協調性は妬み・怒り・身勝手、良識性は親切さ・ねばり強さ・従順さ、情緒安定性は活動性・楽観性、知的好奇心は小心さ・内省・意志であった。側面因子は不安定なので、英語圏の内容と異なっている可能性がある。

3. 問題攻撃性尺度

この尺度の製作に取り組むきっかけは、鳴門教育大学の山崎勝之氏の誘いにあった。そして、偶然、筆者のゼミに所属した大学院生の福光隆が持ち寄ったテーマが「キレる子どもと治療的介入」であった。そこで、筆者が研究計画を考え、彼に実行してもらった。

山崎(2002)によると、アメリカでは攻撃性や敵意を測定する質問紙が多くあり、妥当性研究も進んでいた。しかし、日本では攻撃性を測定する質問紙の開発が遅れていた。安藤ら(1999)はバスとペリー(Buss & Perry, 1992)の攻撃性尺度を改訂し、日本版攻撃性質問紙(BAQ)を作成した。BAQは身体的攻撃(physical aggression)、言語的攻撃(verbal aggression)、短気(anger)、敵意(hostility)の4つの下位尺度から構成された。このBAQを小学生向きに書き換えたのが、坂井ら(2000)の小学生用攻撃性質問紙(Hostility-Aggression Questionnaire for Children : HAQC)であった。いずれも純粋な因子分析的質問紙である。

HAQCの妥当性研究の被検者は、小学生243名から担任8名によって指名された118名

であった。担任は，4つの攻撃性の下位尺度を説明する文章について，その特徴が強い児童と弱い児童を2名ずつ男女別にあげた。そして，特徴が強い児童と特徴が弱い児童の質問紙の平均得点を対象に2要因分散分析を行なった。その結果，すべての下位尺度で両群の平均得点に主効果が認められた。敵意は男子では有意差があったが，女子では有意差はなかった。こうして，HAQCは女子の敵意を除けば，妥当性も全般的に高いとされた。

このように，よく知っている仲間に尺度の高得点の記述に該当する人と，尺度の低得点の記述に該当する人の名前をあげさせ，高得点該当者と低得点該当者の尺度得点の平均を比較し，有意差があれば妥当性があるとする妥当化の手続きをノミネート法という。

ノミネート法は妥当性検証の方法としては欠陥がある。なぜなら，有意差は高群と低群の選抜率に左右されるし，妥当性係数の大きさは保証しない。例えば，高群と低群を100名から10名ずつ選抜する場合と，1,000名から10名ずつ選抜する場合を想定すれば，容易に理解できるであろう。

村上(1993, 2005a)で，有意差検定は差の有無を確認する方法であるが，関連性の度合いを調べる方法ではないと，繰り返し主張してきた。2群間の尺度得点の有意差は，帰無仮説が棄却されたにすぎない。言い換えれば，妥当性はゼロではない。被検者数が多い場合は，有意差があっても妥当性係数が0.1以下の場合もあり得る。妥当性が高いと主張するには，妥当性係数が0.5とか0.6以上あることを証明しなければならない。

かつて辻岡(1972)は，性質の異なった2群にY-Gを実施し，尺度得点に有意差があればY-Gの妥当性は高いという主張を繰り返し行なった。つまり，「関係性がゼロではない⇒妥当性が高い」という論理のすり替えである。同じ轍を踏むわけにはいかない。

1）製作

BAQやHAQCは，身体的攻撃，言語的攻撃，短気，敵意という構成概念に対応した質問項目を収集し，それを因子分析で内容的に整理したものである。因子分析に先立って，特定の外部基準と相関がある質問項目が収集されたわけではない。妥当性検証もノミネート法であり，外部基準との関係(相関係数や標準回帰係数など)ははっきりしない。そのため，行動予測や介入の決定には役立たないはずである。

しかし，山崎(2000)は児童の攻撃性の測定にHAQCが使用可能と判断し，フィークス(Psychological Health Education in Elementary-school Classes by Schoolteachers：PHEECS)プログラムで，攻撃性の適正化教育の効果測定のために使用した。プログラムの介入効果はほとんど認められず，HAQCの測定精度の問題が指摘された。結局，効果的な攻撃性低減プログラムを開発するためにも，より基準関連妥当性の高い児童用攻撃尺度を作成することが急務である。そのため，担任教師による評価を外部基準とし，基準関連的な方法で尺度構成することにした。

攻撃性の構成概念には身体的攻撃，言語的攻撃，敵意，短気という4つの下位概念があるが，基準関連的に尺度構成する場合，HAQCの項目だけではなく，もう少し広い範囲か

ら攻撃性に関係する項目を収集しておく必要がある。曽我ら(2002)は性格と攻撃性との関係を指摘しているので，HAQCの構成概念を基本にしながら，さらに攻撃性や性格特性についての質問項目を追加することとした。

児童用質問紙は2件法による58項目とした。その内訳は，HAQCの22項目(敵意6項目，言語的攻撃5項目，身体的攻撃6項目，短気5項目)，独自に追加した6項目(敵意1項目，言語的攻撃2項目，身体的攻撃1項目，短気2項目)，BigFiveを児童用に書き換えた30項目(外向性6項目，協調性6項目，良識性6項目，情緒安定性6項目，知的好奇心6項目)であった。

教師用質問紙は，学級運営上問題となる具体的な問題行動を，HAQCの攻撃性の4つの下位概念に対応して，文章化した(表6.3)。担任教師には「次の4つの項目にあてはまり，学級運営上問題がある，または，これから気にかけていかないといけないと先生が判断された児童」について，それぞれの文章の下に書かれた枠の中にその児童の出席番号を記入してもらった。あてはまる場合は，特に顕著な児童を1人だけとした。また，いくつかの項目で同じ児童を選んでもよかった。これらの教示の下に4つの文章を印刷し，それぞれの文章の右下に，あてはまる児童の出席番号を書く欄を1つ設けた。

被検者は，富山県内の8つの小学校の3～6年生，計1,701名(男子882名，女子819名)と担任教師59名であった。基準群は2項目以上で指名された3～6年生23名(男子19名，女子4名)とした。基準群の指名回数を構成概念別に見ると，敵意が10回，言語的暴力が16回，身体的暴力が11回，短気が15回であった。統制群は，基準群の児童が属するクラスで一度も指名されなかった児童567名(男子282名，女子285名)とした[*2]。

児童用質問紙58項目の基準群と統制群の回答を項目ごとにχ^2検定で比較すると，13項目に有意差が認められたので，これらの項目で問題攻撃性尺度(problem-aggression scale)

表6.3 教師用質問項目

身体的暴力	よく(1か月に1回以上)，腹を立てて，友だちまたは先生に暴力をふるったり，教室内にあるものを投げたり，蹴ったりしたことがある。
言語的暴力	自分の意見と違う意見に対してまたは，気にくわない事柄に対して，けんか腰で強く相手をののしったり，言葉で否定したりしたことがある。
敵　　意	友だちや先生に言われたことを否定的にとらえたり，自分が失敗したときに否定的な仕方で対応したりして，相手に対して敵意をもつことがある。
短　　気	自分の気にくわないことがあると，がまんできずにかっとなり，怒りの感情をなかなかおさめることができない。

を構成した。結果を表6.4に示した。採点方向に回答した場合，1点を加点する。

児童の尺度得点の平均は，基準群で10.57（$\sigma=1.45$），統制群で6.28（$\sigma=3.21$）であった。全参加者1,701名の平均は，6.44（$\sigma=3.19$）であった。主因子法による因子分析を適用すると，固有値は，3.30，0.66，0.39，0.14，0.06と減少した。尺度の一次元性は確認された。

表6.4 問題攻撃性尺度の項目

	質問項目	基準群 $n=23$ はい	統制群 $n=567$ いいえ	χ^2	識別力	困難度	当て推量
1	いろいろなことをたくさん知っています	16	164	15.36**	1.19	3.15	.30
2	からかわれたら，たたいたりけったりするかもしれません	20	285	10.49**	1.19	−.02	.05
3	すぐにおこる方です（すぐにむかつく方です）	20	269	12.22**	2.15	.29	.12
4	クラスの中で大切な人です	21	353	6.74**	.56	.09	.19
5	友達の考えにさんせいできないときは，はっきり言います	17	232	8.47**	1.24	2.42	.40
6	すぐにけんかをしてしまいます	15	164	12.11**	1.29	.89	.06
7	思いやりのある方です	17	283	4.11*	.55	.65	.18
8	人にらんぼうなことをしたことがあります	23	358	11.57**	1.27	−.46	.09
9	ちょっとしたことではらがたちます（むかつきます）	18	231	11.27**	2.02	.44	.09
10	たたかれたらたたきかえします	21	339	7.90*	1.16	−.18	.07
11	おこると，くちぎたない言葉を言います	21	348	9.05**	1.18	−.31	.10
12	いやなことを言ったあい手には強く言いかえします	18	281	6.18*	.97	.07	.07
13	カッとするとなかなか気持ちをおちつけることができなくなります	16	254	4.51*	.94	.73	.20

**$p<.01$ *$p<.05$ 10-13は独自追加項目
採点方向
　は　い：1　2　3　5　6　8　9　10　11　12　13
　いいえ：4　7

HAQCの22項目のうち，問題攻撃性尺度に入ったのは，2，3，5，6，8，9の6項目だけであった。つまり，HAQCの16項目(73%)は，担任教師が「学級運営上問題がある」，あるいは「これから気にかけていかないといけない」児童を識別できない。すなわち，HAQCは学級運営上問題がある，攻撃性の高い児童を評価するには適切でない。攻撃性の構成概念に基づいて，質問項目を作成し，因子分析で項目を整理するだけでは，有用な妥当性の高い質問紙は作成できない。

2）信頼性

問題攻撃性尺度のα係数は0.79であった。小学生3～6年生，計224名(男子116名，女子108名)で1週間間隔の再検査信頼性を求めると，3年生で0.86，4年生で0.89，5年生で0.83，全体で0.85と，十分に高い値であった。

3）妥当性

担任教師による児童の攻撃性評定を行なった。質問項目は表6.3と同じで，「まったくあてはまらない」(1点)～「とてもあてはまる」(5点)の5段階評定である。質問項目は1ページに1つ印刷し，全児童の評定を行ない，次の質問項目に進むようにした。被検者は小学生3～6年生，計224名(男子116名，女子108名)であった。

問題攻撃性尺度と教師評定との相関係数は，3年生で0.54(教師評定の$\alpha=0.96$，$n=59$)，4年生で0.72($\alpha=0.91$，$n=50$)，5年生で0.36($\alpha=0.92$，$n=61$)，6年生で0.45($\alpha=0.90$，$n=54$)，全体で0.46($\alpha=0.93$，$n=224$)であった。

問題攻撃性尺度の妥当性係数を全体の0.46($\alpha=0.93$，$n=224$)とすると，基準の汚染(教師評定の信頼性係数)が0.93で，希釈化の修正を行なうと，$0.46\sqrt{0.85\times0.93}=0.52$となり，非常に優れた値であった。

4）項目反応理論

3パラメタ・ロジスティックモデルによって解析を試みた。プログラムはハンソン(Hanson, 2002)のIRT Command Language Version 0.02031を使用した。被検者は，基準群23名，統制群567名，信頼性研究の224名(1回目のデータ)を合わせた814名とした。

分析結果は表6.4に示した。項目4と7は数値を逆転して分析した。識別力は13項目中9項目が1.00以上の値であった。項目4と7は識別力が劣っていた。これらの項目を除外すると，教師評定との相関係数が減少したので，削除しなかった。

項目反応曲線の例は図5.7(p.85)，項目情報関数は図5.8(p.86)，テスト情報関数は図5.9(p.87)に示した。尺度の高得点側でも比較的情報量が多い。

5）教育的介入

多くの文献によると，アサーション・トレーニングには攻撃性の低減効果があるという。

それで，一学期，延べ10時間にわたり，介入を行なった。実験群は3年生1クラス38名（男子20名，女子18名），統制群は3年生1クラス35名（男子19名，女子16名）であった。実験群・統制群，低・中・高得点，事前・事後の3要因分散分析によると，弱いながらもアサーション・トレーニングの介入効果は認められた。しかし，実験群の低得点群の得点が1.31点から3.46点まで上昇したが，中得点群，高得点群の得点にはほとんど変化がなかった。結局，アサーション・トレーニングの攻撃性低減のエビデンスは見つからなかった。

6）まとめ

問題攻撃性尺度は教師評定との相関が0.46と妥当性が高く，再検査信頼性係数も0.85と高かった。現在，入手し得る最高の妥当性係数を持つ尺度である。これは，極端に攻撃性の高い基準群を選抜し，統制群との応答比較を行なって作成したからである。なお，項目反応理論は追加分析という位置づけしかできなかった。項目を減らすと妥当性係数が下がってしまうからである。

4．小学生用主要5因子性格検査（LittleBigFive）

偶然は続く。福光 隆の2年後，ゼミに所属した畑山奈津子が持ち寄ったテーマは「児童の性格と攻撃性の関連性」であった。彼女は卒業論文で，曽我ら（2002）の追試を行なっていた。つまり，曽我（1999）の小学生用5因子性格検査（FFPC）を使用し，小学生用攻撃性質問紙（HAQC）との関連を調べていた。

FFPC-ver.1は小学生320名にY-Gを実施し，96項目の主成分分析を行ない，この結果にFFPQの25の下位尺度を参照しながら，独自に90項目を追加したものである。そして，FFPC-ver.1を4〜6年生219名に実施し，主成分分析を行ない，項目を選別し，62項目からなるFFPC-ver.2を作成した。次に，FFPC-ver.2を4〜6年生551名に実施し，因子分析を行なった。FFPC-ver.3は，各因子から各10項目を抽出し，計50項目で構成された。FFPCは，再度，因子分析を行なって各因子8項目，計40項目である。α係数と再検査信頼性（2か月）からは，内的整合性はほぼ満たされ，FFPCは十分な安定性を備えた尺度であった。

妥当性の検証はノミネート法である。4〜6年生215名を対象に，担任教師にFFPCの5つの測定概念を提示し，その内容に最もあてはまる児童と，最もあてはまらない児童を学級のなかから3名ずつ指名させた。そして，最も該当すると指名された児童と，最も該当しないと指名された児童のFFPCの尺度平均の比較を行なった。有意差が見いだされたので，FFPCの概念的妥当性が認められたとした。また，併存的妥当性として情緒性（N）と日本版STAIC（児童用特性不安尺度）の相関を求めると，0.73程度あった。

1）製作

FFPCは繰り返し因子分析を適用した純粋に因子分析的質問紙であり，妥当性はノミネート法に基づいている。情緒性（N）と日本版STAICの併存的妥当性は見いだされたが，自己評定データ同士の相関であり，外的・行動的指標との関係は不明である。つまり，FFPCの妥当性はゼロではないが，基本的に基準関連妥当性は不明である。そして，すでに説明したようにHAQCの基準関連妥当性も不明である。

筆者は，基準関連妥当性が不明な尺度同士の関連性研究は無意味であるという立場である。妥当性の高い性格検査を作成するためには，担任教師による児童の性格評定が必須である。例によって筆者が研究計画を立て，畑山に実行してもらった（畑山，2006）。因子分析は適用するが，担任教師の評定との相関を考慮に入れて項目を採用するという戦略を立てた。そして，小学生用BigFiveを新たに作成し，それと，村上と福光（2005）の問題攻撃性尺度の関連性を調べることにした[*3]。

予備調査でBigFiveを書き換えたり，つけ加えたりして仮の小学生用性格検査100項目を作成した。次に大学生と大学院生43名にBigFiveと仮の小学生用性格検査の両方を実施した。BigFiveと相関が認められた60項目に，質問文の表現を変えた7項目，問題攻撃性尺度13項目をつけ加えて，小学生用試作版を作成した。

表6.5に示すように，担任教師用評定項目はBigFiveの性格特性を5つの下位概念に対応して文章化したもので，評定は，「まったくあてはまらない」（1点）〜「とてもあてはまる」（5点）の5段階評定であった。質問項目は1ページに1つ印刷し，全児童の評定を行ない，次の質問項目に進むようにした。被検者は小学生3〜6年生，計815名（男子417名，女子398名），担任教師29名であった。

表6.5　担任教師用評定項目

外 向 性（E）	外向的で，多くの人とよい関係をつくるのは得意だが，気にいらないことがあると，攻撃的になるのでその関係は浅くなりがちである。
協 調 性（A）	誰にでも親切で温かく，同情的で，人助けのためならやっかいなことにも取り組み，ほかの人が決めたことでも，協力を惜しまない。
良 識 性（C）	何事にも精力的，徹底的に取り組み，細かく計画を立てる。また，責任感があり，勤勉で，注意深く，与えられた仕事はすばやく正確にやり遂げようとする。
情緒安定性（N）	穏やかで落ちついており，情緒的に安定している。悩みや心配事がなく，理性的で，自信にあふれていて，他人を嫉妬したり，ねたんだりすることはない。
知的好奇心（O）	好奇心が強く，いろいろなことを知っている。また，ものごとを冷静に受けとめ，分析的に考え，何事にも落ちついて対処することができる。

まず，問題攻撃性尺度を除外し，度数分析を行なって，回答の「はい」か「いいえ」が8割を超える項目を除いた。また，作成ミスで重複していた3項目を除いた。そして，児童の回答と教師の評定の相関係数を算出して有意な相関のない項目を削除した。残った43項目に因子分析を適用したところ，5因子構造は得られたが，知的好奇心に属する項目が5項目しかなかった。それで，問題攻撃性尺度で小学生用BigFiveと重複している3項目と，度数分析で除外した知的好奇心の2項目を復活させ，48項目に因子分析を適用した。固有値は，3.555，2.091，1.631，1.272，1.0220，0.445，0.2931…と減少した。それで，因子数を5と定め，因子パーシモニー法によって直交回転を行なった。

因子分析による尺度構成では，各因子の因子負荷量の大きな項目を採用するが，この方法では担任教師の評定値との相関が低くなってしまう。そこで，因子負荷量が大きく，かつ評定値との有意な相関があった項目を優先して採用した。このようにして，各因子6項目ずつで尺度を構成した（表6.6）。

その後，問題攻撃性尺度13項目（2項目が重複）を追加した。また，肯定率（否定率）が80％前後を超える6項目を追加し，逆方向に加点し，頻度尺度とした。その結果，小学生用主要5因子性格検査（LittleBigFive）は計47項目となった。

2）信頼性

α 係数は外向性（E）0.654，協調性（A）0.700，良識性（C）0.701，情緒安定性（N）0.695，知的好奇心（O）0.704であった。質問紙作成のミスから重複実施された項目間相関は，それぞれ0.857，0.714，0.866で，データを結合して相関を求めると0.820となった。0.80程度の信頼性係数が見込めると考えた。

小学生用BigFiveが完成直前に，安元（2006）は1週間間隔での再検査信頼性を求めた。被検者は3～6年生計287名（男子141名，女子146名）であった。それによると，頻度（F）は0.707，問題攻撃性（Ag）は0.875，外向性（E）は0.847，協調性（A）は0.777，良識性（C）は0.830，情緒安定性（N）は0.794，知的好奇心（O）は0.770であった。

その後，因子構造の単純性の観点から情緒安定性（N）の1項目を入れ替えた。旧尺度と最終尺度との相関は，0.941（$n=815$）であった。小学生用BigFiveの信頼性係数はほぼ満足できる水準とみなせる。

3）妥当性

尺度素点と担任教師の評定値との相関（基準関連妥当性）は，外向性（E）で0.230，協調性（A）で0.330，良識性（C）で0.159，情緒安定性（N）で0.140，知的好奇心（O）で0.190と，すべて1％水準で有意であった。全体的に評定値との関係は低いが，協調性ではある程度の予測力があった。

小学生用BigFiveと成人用BigFiveを大学生158名に実施して，併存的妥当性を求めると，Eで0.888，Aで0.705，Cで0.880，Nで0.901，Oで0.787とかなり大きかった。また，

表6.6 LittleBigFiveの直交回転結果,および教師評定との相関

	相関	E	A	C	N	O
1	0.124**	−0.556	0.154	−0.025	−0.007	−0.033
2	0.128**	−0.496	0.154	0.117	0.011	−0.200
3	−0.195**	0.493	0.192	0.036	−0.055	−0.007
4	0.128**	−0.470	0.072	−0.063	0.000	−0.076
5	0.114**	−0.449	−0.027	−0.115	−0.044	−0.094
6	−0.152**	0.364	0.014	−0.136	−0.147	0.199
7	0.182**	−0.007	0.638	0.044	0.049	−0.146
8	0.198**	0.050	0.624	0.001	0.147	−0.097
9	0.278**	−0.071	0.571	0.099	0.111	0.006
10	0.177**	−0.100	0.446	0.132	−0.044	−0.143
11	0.188**	−0.099	0.385	0.128	−0.113	−0.019
12	0.238**	−0.024	0.372	0.277	0.028	−0.081
13	−0.115**	0.032	−0.136	−0.552	−0.140	0.222
14	−0.085*	0.081	−0.117	−0.528	−0.185	0.205
15	−0.074*	−0.016	−0.119	−0.459	−0.092	0.135
16	−0.098**	−0.183	−0.145	−0.438	−0.066	0.189
17	−0.124**	−0.146	−0.141	−0.401	−0.101	0.115
18	0.120**	−0.195	0.266	0.357	0.043	−0.186
19	−0.137**	−0.019	−0.110	−0.101	−0.633	−0.024
20	−0.082*	0.104	−0.024	−0.010	−0.623	0.014
21	−0.101**	−0.067	−0.132	−0.148	−0.570	0.033
22	−0.044	0.087	0.075	−0.132	−0.563	0.068
23	−0.093**	−0.041	−0.080	−0.137	−0.384	0.004
24	−0.021	−0.100	−0.151	−0.104	0.377	−0.101
25	0.108**	−0.054	0.059	−0.231	0.011	−0.807
26	0.123**	−0.037	0.069	−0.250	0.038	−0.804
27	0.075*	−0.202	−0.014	0.179	−0.128	−0.486
28	0.130**	−0.138	−0.001	0.054	−0.087	−0.448
39	−0.149**	0.051	−0.022	−0.235	−0.048	0.331
30	−0.129**	0.020	0.056	−0.256	−0.210	0.318
因子寄与		1.583	1.931	1.799	1.950	2.309

*p<.05　**p<.01

対応する尺度は相関が高く,対応しない尺度では相関が低かった。小学生用BigFiveは成人用BigFiveとほぼ同一の構成概念を測定すると推測される。

4）性格と攻撃性の関係

　重複項目を除いた問題攻撃性(Ag0)と性格の関係をAmos 5.0で分析した。非標準化解を図6.1に示した。$GFI = 0.891$, $AGFI = 0.770$, $RMSEA = 0.180$ で,適合度は十分では

なかった。ただ，外向性（E），協調性（A），良識性（C），情緒安定性（N）のパス係数はすべて1％水準で有意であった。問題攻撃性の高い児童は，外向的，非協調的，非勤勉的，情緒安定的の傾向があり，攻撃行動が安定しているため，問題行動矯正が難しい可能性がある。

5）まとめ

小学生用BigFiveの完成度は高かったが，内容次元を見直し，各次元を8項目で構成しなおした。再検査信頼性係数は求めていないが，α係数が大きくなり，過去の小学生版よりも各2項目ずつ多いことから，信頼性係数0.80以上は確実である。また，保護者による他者評定と小学生の自己評定の

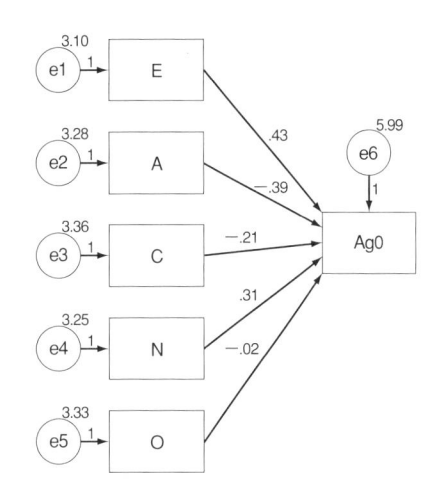

図6.1　非標準化推定値

相関は，外向性0.56，協調性0.39，良識性0.41，情緒安定性0.35，知的好奇心0.45とバーバラネリら（Barbaranelli et al., 2003）の児童用のビッグファイブ性格検査（Big Five Questionnaire for Children: BFQ-C）よりも大きかった。実用的な性格検査が作成できたので，商用配布を開始した。

5．改訂対人ストレスイベント尺度

労働環境が厳しくなったのか，ストレス研究が花盛りである。10年ほど前からストレスをテーマにする学生がふえてきた。筆者もストレス研究に関わったことがある。心理的ストレスモデルは複雑すぎたので，米国国立労働安全衛生研究所（National Institute of Occupational Safety and Health：NIOSH）[*4]のストレスモデル（図6.2）を基本に考えた。

ストレッサー（入力）は，職業関係のストレス状況であり，仕事の内容，マネジメント，対人関係，職場環境など，さまざまな変量が含まれる。ストレス症状（出力）は，心臓・血管障害，手や足の障害，心理的障害，けが，自殺，ガン，健康障害などである。調整変数として，性格，コーピング，状況等がある。心理的ストレスモデルも基本的枠組みは同じである。

厚生労働省が膨大な研究費をつぎ込んだのが「職場のストレス判定図」（労働省，2000）という12項目の調査票である。もし，妥当性があるなら，職場のストレス判定図の下位尺度は欠勤日数と相関があるはずである。勤労者448名で欠勤日数との関係を調べたとこ

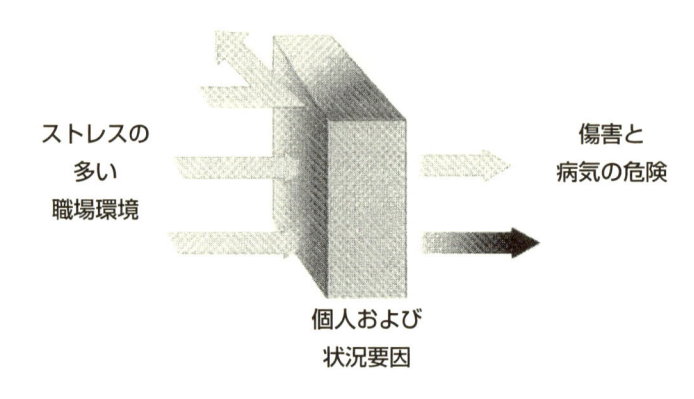

図6.2　NIOSHの職業ストレスモデル

ろ，上司の支援が0.10で5％水準で有意だったが，仕事量，仕事のコントロール，同僚の支援は相関がなく，全体として予測力はほぼゼロであった。一方，同時に実施した心の健康チェック表(MINI-27)と職場用コーピング尺度(庄司・庄司,1992)では有意な相関のある項目が多かった(村上・村上,2003, 2004)。このような経緯から，筆者はストレス関係の質問紙にはかなり懐疑的になった。

1）対人ストレスイベント尺度

築尾(2006)は，ストレッサーとして橋本(1997)の対人ストレスイベントを取り上げ，そのイベントについてのストレス感も同時に測定した。ただ，教示は少し変えて「以下の40項目の出来事をここ1週間で何回経験しましたか」として，5件法(0～4回以上)で回答を求めた。また，イベントについてのストレス感は，「まったく感じなかった」～「非常に感じた」の5件法で回答を求めた。ストレス症状としては，MINI-27のうつ尺度，調整変数としては，庄司と庄司(1992)のコーピング尺度を取り上げた。

被検者は大学生158名で，全40項目の相関行列を作成し，主因子法で25因子まで抽出した。固有値は順に12.351, 2.585, 1.635, 1.202, 0.980, 0.919, 0.911, 0.820, 0.658, 0.529…となった。因子3以降は固有値が直線的に減少していたため，因子数は2と判断した。

橋本(1997)によると，項目は大学生258名の自由記述をもとに収集したもので，出来事の経験率が30％を超えていた。被検者136名で，主因子法とバリマックス回転の結果は，1因子，もしくは，3因子という。3因子とした場合も，因子間相関が0.39～0.44あるという。ところが，因子数の根拠となる固有値や寄与率，尺度の信頼性係数もまったく報告されていない。

2）改訂版の作成

築尾(2006)の2因子解を見ると，同一内容で言い回しを変えただけの項目が目に入った。瞬間的に何かが間違っていると確信した。全40項目について，対人ストレスイベントとその認知的評価の選択枝の度数分析を行なった。すると，多くの項目で分布の極端な歪みが見つかった。それで，60％以上の被検者が，「0回」あるいは「まったく感じなかった」を選択した項目を除外した。その結果，対人ストレスイベントは25項目となった。

25項目の相関行列を作成し，主因子法で14因子まで抽出すると，固有値は順に8.208，1.387，0.768，0.662，0.619，0.485，0.427，0.294，0.260，0.215，0.135となった。2因子目の固有値はやや大きいが，固有値は2因子目からほぼ直線的に減少していたので，誤差因子であろう。つまり，25項目は1因子で解釈できる。

築尾(2006)の25項目の主因子法の結果を見ると，因子負荷量が0.4以下の項目が3つあった。それで，順次，それらの項目を削除して主因子解を求めた。この結果，第1因子の因子負荷量は0.44〜0.71となった。固有値は，7.794，1.270，0.640，0.636，0.526，0.409…と減少した。固有値プロットを図6.3に示した。明確に1因子性であり，α係数も0.919と非常に大きかった。22項目の改訂ストレスイベント尺度を表6.7に示す。

ストレスイベント尺度として使用する場合は「ここ1週間で何回経験しましたか」と教示する。ストレス感尺度として使用する場合は「まったく感じなかった」〜「非常に感じた」の5件法とする。

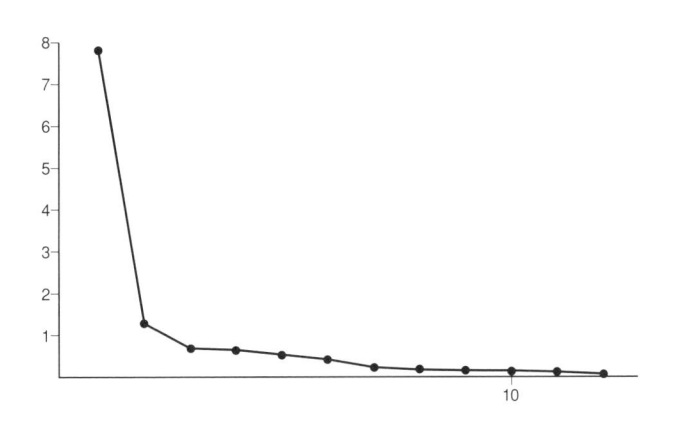

図6.3 改訂対人ストレスイベント尺度の固有値プロット

表6.7 改訂対人ストレスイベント／ストレス感尺度

1.	知人から自分のことについて干渉された。	0	1	2	3	4
2.	おしゃべりしたいとき，会話する相手がいなかった。	0	1	2	3	4
3.	自慢話や愚痴など，聞きたくないことを聞かされた。	0	1	2	3	4
4.	知人と意見が食い違った。	0	1	2	3	4
5.	自分の言いたいことが，相手に上手く伝わらなかった。	0	1	2	3	4
6.	相手の言うことが理解できなかった。	0	1	2	3	4
7.	あまり親しくない人と会話した。	0	1	2	3	4
8.	相手に嫌な思いをさせないよう気を使った。	0	1	2	3	4
9.	しゃべりたくないときにしゃべらなければならなかった。	0	1	2	3	4
10.	相手が自分の思った通りに行動してくれなかった。	0	1	2	3	4
11.	知人が非常識な行動をした。	0	1	2	3	4
12.	集団に溶け込めず，違和感を感じた。	0	1	2	3	4
13.	知人に対して劣等感を抱いた。	0	1	2	3	4
14.	会話中に気まずい沈黙があった。	0	1	2	3	4
15.	無理に相手にあわせた会話をした。	0	1	2	3	4
16.	自分の気持ちに反して，周囲の期待に合わせた行動をした。	0	1	2	3	4
17.	知人のご機嫌とりをした。	0	1	2	3	4
18.	同じことを何度も言われた。	0	1	2	3	4
19.	会話中，何をしゃべったらいいのかわからなくなった。	0	1	2	3	4
20.	知人よりも損をしている気分になった。	0	1	2	3	4
21.	知人が自分のことをどう思っているのか気になった。	0	1	2	3	4
22.	知人とどのようにつきあえばいいのかわからなくなった。	0	1	2	3	4

3）コーピングは有効か

　ストレスイベント得点とイベントについてのストレス感は0.745（$p<.01$）と高い相関があった。イベントの経験回数とストレス感は一致していた。また，ストレス感は，うつ傾向と0.266（$p<.01$），コーピングの消極的行動と0.228（$p<.01$）の弱い相関があった。共分散構造分析Amos 5.0の結果でもストレスイベント得点とストレス感，ストレス感と抑うつの間には有意なパスが見いだされたが，コーピングの積極的行動や症状対処と抑うつのパスは見いだせず，コーピングが適応的に機能している証拠は見つからなかった。
　なお，コーピング尺度全項目と抑うつ得点との相関分析を行なうと，以下の3項目のみに有意な相関が認められた。

①この状況を納得するようにした（$r=0.213$，$p<0.01$）
②この問題と直接関係のない友人・家族・職場の人などに相談した（専門家やカウンセラーとの相談は除く）（$r=0.196$，$p<0.05$）
③仕事や会社がすべてではないと思うようにした（$r=0.217$，$p<0.01$）

ほとんどのコーピング尺度項目は抑うつ得点と相関がなかった。有意な相関があった3項目も相関の方向は正であった。つまり、コーピングをしている人は抑うつ的であり、コーピングが抑うつを防御しているとは思えない。コーピングが有効なら、抑うつ得点と負の相関があるはずである。結局、コーピング尺度も全面的に作り替えないと研究の続行は難しいという状況である。

6. 自己愛傾向尺度

　自己中心的な青年が増加しているのだろうか。自己愛傾向やナルシシズム傾向を測定する尺度がふえてきた。摺出(2006)が卒論のテーマに選んだのが自己愛であった。研究計画はなかなか定まらず、既存の自己愛関係の尺度も安心して使えるとは思えなかった。結局、論理的・因子分析的尺度構成法の練習として、自己愛尺度の作成をテーマにしてもらった。

　摺出(2006)が試作版尺度の参考にしたのは、佐方(1986)の自己愛人格目録(NPI)、小塩(1999)の自己愛人格目録短縮版(NPI-S)、相澤(2002)の自己愛的人格項目群、清水と海塚(2002)の自己愛人格項目群であった。自己愛関連の尺度は、これ以外にも多く開発されている。尺度構成にあたって内容的妥当性を十分考慮していないし、因子数の決定方法はずさんである。妥当性検証もまだまだである。したがって、ゼミ生の摺出には、DSM-Ⅳ-TR(APA, 2000)の人格障害の記述を与え、この枠組みをもとに、既存の項目を見直すことを指示した。

1) DSM-Ⅳ-TRから

　DSM-Ⅳ-TR(APA, 2000)の自己愛人格障害は、誇大性、賞賛されたいという欲求、共感の欠如の広範な様式で、以下の5つ以上の要件にあてはまり、著しく不適応的で、主観的苦痛を引き起こしている場合に診断される。

①自己の重要性に関する誇大な感覚。
②限りない成功、権力、才気、美しさ、あるいは理想的な愛の空想にとらわれている。
③自分が「特別」であり、独特であり、他の特別な、または地位の高い人たちに(または施設で)しか理解されない、または関係があるべきだ、と信じている。
④過剰な賞賛を求める。
⑤特権意識、つまり特別有利な取り計らい、または自分の期待に自動的に従うことを理由なく期待する。
⑥対人関係で相手を不当に利用する、つまり、自分自身の目的を達成するために他人を利用する。
⑦共感の欠如。他人の気持ち、および欲求を認識しようとしない、またはそれに気づこ

うとしない。
⑧しばしば他人に嫉妬する，または他人が自分に嫉妬していると思い込む。
⑨尊大で傲慢な行動，または態度。

2) 製作

　試作版尺度は，上記の先行研究から収集した全110項目である。まず，明らかに類似した項目を削除し，学校心理学専攻生10名により，DSM-Ⅳ-TRの9つの要件のどれにあてはまるかを分類させた。そして，1つの要件につき5項目を選択した。ただし，要件の4，5，6，7は，あてはまる項目が少なかったため，DSM-Ⅳ-TRを参考に，学校心理学専攻生の協力で新規に9項目を執筆した。その結果，試作版尺度は45項目となった。

　被検者は大学生179名（男性54名，女性125名，不明9名）で，自分自身についてどのくらいあてはまるかについて，「まったくあてはまらない」（0点）～「とてもよくあてはまる」（4点）までの5段階で回答させた。まず，各項目の回答の度数分析を行なったが，特に問題を示す項目はなかった。45項目を主因子法によって抽出し，スクリー法で因子数を検討すると，明確な3因子構造であった。オーソマックス回転の後，3つの因子に負荷量の小さい項目を6項目削除した。次に残り39項目を因子分析し，同様に2項目を削除した。37項目の因子分析の結果，1項目を削除した。

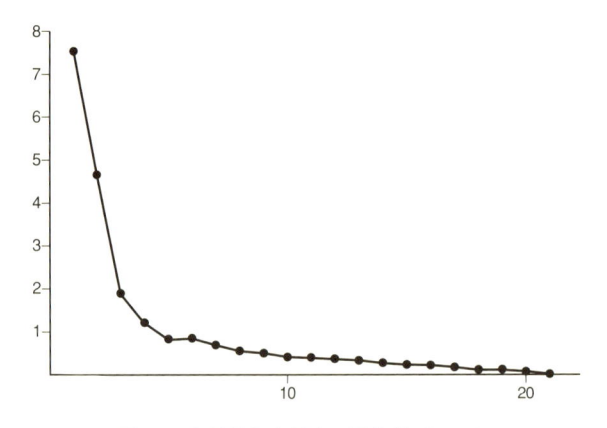

　最終的に残った36項目を主因子法により21因子まで抽出した。固有値は順に7.542，4.629，1.896，1.189，0.864，0.648，0.565，0.497，0.418，0.370，0.346…となった。固有値プロットの結果を図6.4に示した。オーソマックス回転（因子パーシモニー基準）の結果を表6.8に示した。出典中のDSM-Ⅳ-TRは新規執筆項目を示す。

図6.4　自己愛傾向尺度の固有値プロット

表6.8　オーソマックス回転結果と項目の出典

項目番号	Ⅰ	Ⅱ	Ⅲ	出典
11.	－0.701	0.315	0.037	優越性・指導性・対人影響力(佐方, 1986)
21.	－0.672	0.255	－0.189	優越性・指導性・対人影響力(佐方, 1986)
7.	－0.665	0.438	0.093	優越性・指導性・対人影響力(佐方, 1986)
9.	－0.626	0.398	－0.059	優越性・指導性・対人影響力(佐方, 1986)
16.	－0.598	0.004	－0.041	優越感・有能感(小塩, 1998)
18.	－0.588	0.165	－0.231	自己誇大性(相澤, 2002)
1.	－0.542	0.308	－0.125	優越感・有能感(小塩, 1998)
5.	－0.533	0.352	－0.146	優越性・指導性・対人影響力(佐方, 1986)
6.	－0.517	0.343	0.045	優越性・指導性・対人影響力(佐方, 1986)
20.	－0.507	0.419	0.072	自己誇大感(相澤, 2002)
30.	－0.492	0.126	0.046	優越感・有能感(小塩, 1998)
35.	－0.484	0.116	0.045	注目・賞賛欲求(清水・海塚, 2002)
14.	－0.438	0.212	0.072	優越性・指導性・対人影響力(佐方, 1986)
24.	－0.127	0.680	0.033	対人操作(DSM-Ⅳ-TR⑥)
12.	－0.187	0.666	－0.092	自己顕示・自己耽溺(佐方, 1986)
34.	－0.143	0.649	－0.055	権威的操作(相澤, 2002)
10.	－0.217	0.583	0.305	権威的操作(相澤, 2002)
27.	0.008	0.573	0.049	特権意識(DSM-Ⅳ-TR⑤)
8.	－0.226	0.539	0.003	権威的操作(相澤, 2002)
26.	－0.144	0.511	0.296	権威的操作(相澤, 2002)
2.	－0.146	0.455	0.235	尊大・傲慢(DSM-Ⅳ-TR⑨)
36.	0.113	0.440	－0.139	共感の欠如(DSM-Ⅳ-TR⑦)
31.	－0.213	0.435	0.212	自己誇大感(相澤, 2002)
22.	－0.209	0.004	0.719	注目・賞賛欲求(小塩, 1998)
32.	－0.213	0.050	0.673	注目・賞賛欲求(小塩, 1998)
17.	0.159	－0.013	0.673	注目・賞賛欲求(小塩, 1998)
4.	－0.005	0.040	0.620	賞賛願望(相澤, 2002)
3.	0.164	－0.107	0.586	嫉妬(DSM-Ⅳ-TR⑧)
33.	0.205	－0.040	0.549	対人過敏(相澤, 2002)
23.	－0.108	0.345	0.506	注目・賞賛欲求(小塩, 1998)
28.	－0.117	－0.239	0.504	共感の欠如(DSM-Ⅳ-TR⑦)
19.	0.314	0.150	0.497	対人過敏(相澤, 2002)
13.	－0.135	0.242	0.487	自己愛的憤怒(相澤, 2002)
15.	0.336	0.060	0.471	対人消極性(相澤, 2002)
25.	0.090	0.308	0.411	賞賛(DSM-Ⅳ-TR④)
29.	0.006	0.045	0.395	賞賛(DSM-Ⅳ-TR④)
因子寄与	4.964	4.638	4.464	

表6.9 自己愛傾向尺度

1.	私は，周りの人たちより有能な人間であると思う。	0	1	2	3	4
2.	自分が話題の中心でないと気がすまない。	0	1	2	3	4
3.	なんでもうまくこなせる友達をうらやましいと思う。	0	1	2	3	4
4.	人から賞賛されたいという気持ちが強い。	0	1	2	3	4
5.	私は人と競争して勝てる自信がある。	0	1	2	3	4
6.	私はリーダーにふさわしい人間である。	0	1	2	3	4
7.	私は人から一目置かれる人間である。	0	1	2	3	4
8.	自分の役にたつかで友達を選ぶことは，正当なことである。	0	1	2	3	4
9.	私は自分の容姿に自信を持っている。	0	1	2	3	4
10.	人々を従わせられるような権威を持ちたい。	0	1	2	3	4
11.	私は自然に人をひきつけるものがある。	0	1	2	3	4
12.	自分のために友達を利用してもかまわないと思う。	0	1	2	3	4
13.	人に軽く扱われたことが，のちのち腹がたって仕方ないことがある。	0	1	2	3	4
14.	人の気持ちが手に取るようにわかる。	0	1	2	3	4
15.	無理して人に合わせようとして，窮屈な思いをする。	0	1	2	3	4
16.	周りの人々は，私の才能を認めてくれる。	0	1	2	3	4
17.	周りの人が私のことをよく思っていないと，おちつかない気分になる。	0	1	2	3	4
18.	自分の思想や感性にはかなり自信がある。	0	1	2	3	4
19.	人といても自分だけが取り残されたような気持ちになる。	0	1	2	3	4
20.	他の人とは違って，自分はたぐいまれな存在である。	0	1	2	3	4
21.	私は自分の能力や業績に自信を持っている。	0	1	2	3	4
22.	私はみんなからほめられたいと思っている。	0	1	2	3	4
23.	人が私に注意を向けてくれないとおちつかない気分になる。	0	1	2	3	4
24.	自分自身の目的を達成するためなら，他人を利用するのも仕方ないことだと思う。	0	1	2	3	4
25.	他人に怒られたときに，怒りを感じる。	0	1	2	3	4
26.	私の意見や考えに周りの人を従わせることができれば，もっとものごとがうまく進むのにと思う。	0	1	2	3	4
27.	社会的地位が低い人とはあまり話したくない。	0	1	2	3	4
28.	友達が何を考えているか，わかりたい。	0	1	2	3	4
29.	私は褒められると伸びるタイプだと思う。	0	1	2	3	4
30.	私が言えば，どんなことでもみんな信用してくれる。	0	1	2	3	4
31.	自分が偉大になっている空想をする。	0	1	2	3	4
32.	私はみんなの人気者になりたいと思っている。	0	1	2	3	4
33.	何かにつけ，他人の方が上手くやっているように感じる。	0	1	2	3	4
34.	必要ならば，罪悪感を感じることなく人を利用することができる。	0	1	2	3	4
35.	私に接する人はみんな私という人間を気に入ってくれるようだ。	0	1	2	3	4
36.	他人の気持ちをわかる必要はないと思う。	0	1	2	3	4

項目内容や由来から因子1は，自己の優越性や指導力，特別意識などに関する項目が多く含まれていたので「優越性」と命名した。因子2は，対人操作や傲慢な態度を示す項目が多かったので「対人操作」とした。因子3は注目され，賞賛されたいという欲求を表わす項目が多かったので「自己顕示」とした。

自己愛傾向尺度を表6.9に示す。「優越性」尺度(項目番号：1, 5, 6, 7, 9, 11, 14, 16, 18, 20, 21, 30, 35)の平均値(標準偏差)は31.324(8.242)，α係数は0.890であった。「対人操作」尺度(項目番号：2, 8, 10, 12, 24, 26, 27, 31, 34, 36)の平均値(標準偏差)は20.978(6.232)，α係数は0.822であった。「自己顕示」(項目番号：3, 4, 13, 15, 17, 19, 22, 23, 25, 28, 29, 32, 33)の平均値(標準偏差)は44.307(8.066)であった。

なお，摺出(2006)のデータをもとに斜交回転を行なったが，項目の所属に変化はなかった。因子1と2の相関が0.015，因子1と3が－0.231，因子2と3が－0.112と因子間相関も低く，直交解が妥当であった。

摺出(2006)の研究を要約すると，先行研究から自己愛関係の質問項目を収集し，DSM-IV-TRの内容領域をカバーする試作版を作成し，因子分析の結果，自己愛傾向が「優越性」「対人操作」「自己顕示」の3つの独立次元から記述できることを示した。固有値の減衰状況からも因子数が3であることは確認できる。これは日本で初めてである。欠点を探すことは簡単である。男女差の分析はできなかったし，仲間評定などの妥当性検証も行なえなかった。因子構造の安定性も研究の余地がある。しかし，プロの研究者たちはどうだろうか。

3) ゾンビは死なない

自己愛が何次元から構成されるのか，研究者の論文を見ても，その根拠は定かではない。例えば，佐方(1986)は，55項目を因子分析して寄与率が5%以下になるまで因子を求めてバリマックス回転を施した。得られた3因子で負荷量が0.35以上の項目を取り出して下位尺度とし，因子分析を繰り返し，最終尺度とした。寄与率が5%以下という因子数の決定基準は恣意的で，その因子数が正しかったのか，論文を読んでも確認できない。

小塩(1999)は，NPIの3因子構造を前提にNPI-Sの斜交プロクラス的回転を示した。3因子構造で，因子間相関は0.27～0.37である。一応は問題がないように見えるが，探索的因子分析を行なうと，NPIと同等の結果が得られないので，この手法を採用したとも解釈できる。NPIは，小塩(1997)を見ると，54項目の主因子法・プロマックス回転の結果，「解釈可能な因子として3因子を得た」とある。因子数の根拠に関する記述はこれだけである。

後に小塩(2004)は，NPI-Sの3つの下位尺度間の相関を主成分分析して「自己愛総合」と「注目－賞賛欲求」の2成分モデルを提案したが，3変量の因子分析という非常識な分析に基づいてる。項目レベルで分析すれば異なった結果が得られるはずであり，このモデルは間違いである。

相澤(2002)は、誇大特性項目と過敏特性項目をあわせて因子分析したが、因子数は「内容的妥当性と分散の説明率を考慮した」とあるだけである。プロマックス回転の結果だが、因子間相関が異常に高い。0.40以上をあげてみると、対人過敏と対人消極性が0.568、対人過敏と自己萎縮感が0.413、対人過敏と自己愛的憤怒が0.475、対人消極性と自己萎縮感が0.500、自己誇大感と自己萎縮感が－0.435、自己誇大感と賞賛願望が0.393である。因子数が多すぎたためである。

小西ら(2006)は、ラスキン(Raskin, R.)とテリ(Terry, H.)のNPIを翻訳し、大学生330名で調査し、因子分析・プロマックス回転を行なった。因子数は「固有値の減衰状況と解釈可能性から」5因子と判断したとある。因子間相関を見ると、0.10〜0.59であり、因子4を除くと0.42〜0.59の相関である。因子1〜3は1つのグループと解釈できる。つまり、因子数が多すぎる。

ラスキンとテリ(Raskin & Terry, 1988)は、被検者1,018名のデータをもとに主成分分析とプロマックス回転を行なった。単一の因子に3項目以上が0.50以上の負荷を持つという条件で項目選択を行なって何度も分析を行ない、最終的に47項目から7項目を削除し、7因子解を採用している。因子数決定の根拠となる固有値の報告はない。この分析でも因子数は多すぎる。因子間相関を見ると、因子1は因子2〜6と0.34〜0.42の相関があるし、因子2は因子3〜5と0.32〜0.37の相関がある。

因子数は多いほど相関行列をよく近似するし、斜交回転は直交回転よりも単純構造を導きやすい。しかし、因子は不安定になり、信頼性が低下してしまう。因子構造の再現性も乏しくなる。ラスキンとテリのNPIは因子数が多すぎるため、因子構造が不安定であると推測される。小西らが同様の因子が取り出せなかったのは当然の帰結である。因子数は多いほうがよいというサーストン(Thurston, L. L.)の教えを守り、信頼性の乏しい16PFを作ったキャテル(Cattell, R. B.)の亡霊を見ているようである。

7. 自然体験活動尺度

2001年、国立立山少年自然の家が法人化され、その結果、外部評価委員が必要になった。外部評価委員は主催事業の立案や実行を監査し、適切に行なわれているか、評価する仕事である。子どもの心理とアウトドアの両方に理解があるという条件で、筆者に役が回ってきた。子どもの心理は別にして、アウトドアには理解があるということで引き受けた。参加して初めてわかったが、職員の大部分は元教員であり、5年前後で再び教員に戻っていく。そのため、教育熱心ではあるが、野外教育の効果を定量的に示すには、調査能力や分析力は乏しかった。

国立オリンピック記念青少年総合センター(2004)は、全国の小学1〜6年生とその保護者、中学2年生、高校2年生を対象に、自然体験活動等に関する実態調査を行なった。調

査対象は全国からの系統抽出法で，1学年につき100名弱である。自然体験活動をたくさんした子どもは，自然体験活動に対して肯定的なイメージがあり，課題解決能力や豊かな人間性などに恵まれ，体力に自信があり，環境問題に関心があり，得意な教科の数が多く，ボランティア活動も豊富という結果であった。質問項目ごとの分析であるため，因果関係は明確でないが，自然体験活動の有効性を示唆していた。

毎年，立山少年自然の家は「真夏のチャレンジ」を主催している。海王丸体験，マウンテンバイク，立山登山を含む10泊11日のイベントである。2002年度，子どもの性格の変化を測定することになった。当時はBigFiveを子ども用に書き直したプロトタイプしかなかった。被検者は小学5年生〜中学2年生，計30名(男子22名，女子8名)であった。事前，事後，1か月後に測定すると，1か月後に男子は外向性に変化していた(国立立山少年自然の家，2003)。筆者は10日程度のイベントで性格変化までは起こらないと予想していたので，結果には驚いた。しかし，5％水準のわずかな有意差であり，小学生用BigFiveも試作版であった。はたして真の性格変化があったか，疑問も残った。

妙高少年自然の家でも真冬の3泊4日のキャンプが性格に与える影響を調べた。叶ら(2000)は小学5〜6年生と中学1〜2年生，計41名の事前，事後の自己効力感，不安，協力意識等を分析したが，友人コンピテンス以外では得点の変化がなかった。つまり，キャンプは性格特性までは影響しなかった。

1）製作

安元(2006)のテーマは，自然体験活動が子どもの心理的側面に与える影響であった。自然体験活動に関する尺度は，国立オリンピック記念青少年総合センターの子ども調査等から，該当する40項目を抽出して作成した。そして，大学生21名に各調査項目を「1…自然体験活動とは言えない，2…あまり言えない，3…まあまあ言える，4…言える」の4件法で評価させた。平均得点が3点に満たない項目を削除し，似た内容がないか，小学生にとって難しくないかを，大学生8名と小学校教員1名が判断し，最終的に24項目の自然体験活動に関する調査用紙を作成した。

被検者は小学生4〜6年生，336名であった[*5]。自然活動に関する調査と小学生用BigFiveを1週間間隔で2回実施した。すべての回答が揃っていた287名を有効回答とした。自然体験活動に関する調査は，「これからあげる活動を，去年から今年(前の学年の4月から今まで)にかけてどのくらいしましたか」という質問に，「1…行なっていない，2…1回，3…2〜4回，4…4回以上」の4件法で回答してもらった。性格検査は，畑山(2006)の小学生用BigFiveの完成直前のものを用いた。

自然体験活動に関する調査項目の度数分析を行ない，いずれかの選択肢に全回答数の65％以上の回答があった6項目を削除し，主因子法により因子を抽出した。固有値は，4.505，0.927，0.679，0.354，0.305，0.241，0.197，0.139…であり，因子2以降の減少は直線的であった。因子数は1と解釈できる（図6.5）。

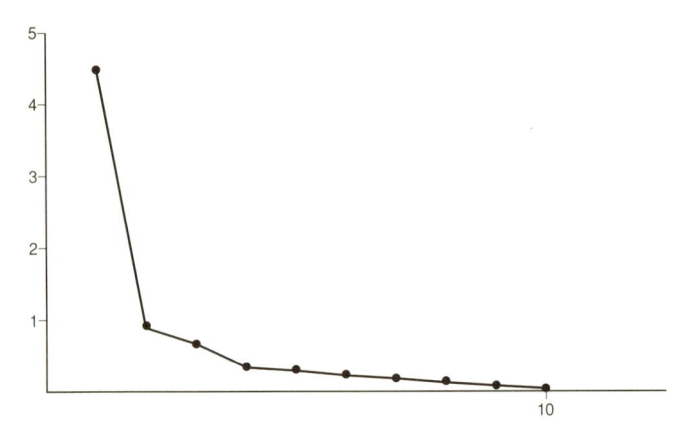

図6.5　自然体験活動尺度の固有値プロット

　選択枝は「0…行なっていない，1…1回，2…2〜4回，3…4回以上」と修正したほうがよいだろう。この場合の平均値（標準偏差）は27.216（9.916），α 係数は0.848であった。自然体験尺度を表6.10に示す。

表6.10　自然体験活動尺度

1. 海や川で泳ぐ。	0	1	2	3	4
2. 海で貝をとる。	0	1	2	3	4
3. 海や川で魚釣りをする。	0	1	2	3	4
4. 昆虫をつかまえる。	0	1	2	3	4
5. 木登りをする。	0	1	2	3	4
6. 草花を自分で育てる。	0	1	2	3	4
7. 植物や岩石を観察する。	0	1	2	3	4
8. 星や雲を観察する。	0	1	2	3	4
9. 山菜やキノコ，木の実を採る。	0	1	2	3	4
10. 自然の材料を使って工作をする。	0	1	2	3	4
11. 米や野菜を作る。	0	1	2	3	4
12. ロープウェイやリフトを使わずに高い山に登る。	0	1	2	3	4
13. 山道を歩く。	0	1	2	3	4
14. オリエンテーリングやウォークラリーをする。	0	1	2	3	4
15. ボートやカヌー，ヨットに乗る。	0	1	2	3	4
16. 野外で食事（野外炊飯）をする。	0	1	2	3	4
17. アスレチックで遊ぶ。	0	1	2	3	4
18. キャンプファイヤーをする。	0	1	2	3	4
19. 森林浴をする。	0	1	2	3	4

2）影響力の方向

　自然体験活動尺度の素点と1回目の小学生用BigFiveとの相関を調べると，問題攻撃性（Ag）で0.066，外向性（E）で0.339（$p<.01$），協調性（A）で0.139（$p<.05$），良識性（C）で0.147（$p<.05$），情緒安定性（N）で−0.037，知的好奇心（O）で0.321（$p<.01$）という相関係数が得られた。そこで，Amos 5を用いて，自然体験活動（Nature）が外向性（E）と知的好奇心（O）に影響を及ぼすというモデルと，逆に，外向性（E）と知的好奇心（O）のある子どもが自然体験活動（Nature）を行なうというモデルを立てて比較した。

　自然体験活動が性格に影響を与えるというモデルを図6.6に示す。外向性と知的好奇心へのパス係数は0.34と0.32で，モデル適合度は$GFI=0.982$，$AGFI=0.890$，$RMSEA=0.158$であった。一方，性格が自然体験活動に影響を及ぼすというモデルの場合，パス係数は0.28と0.25で，モデル適合度は，$GFI=0.957$，$AGFI=0.744$，$RMSEA=0.256$であった[*6]。パス係数やモデル適合度は，自然体験活動が性格に影響を及ぼすというモデルが適切であることを示した。

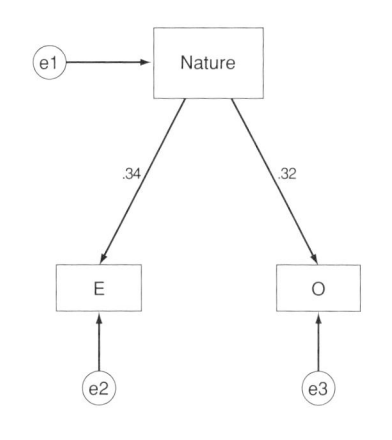

図6.6　標準化推定値

3）生きる力は

　筆者の予想を覆す結果であった。同時に共分散構造分析の威力を思い知らされた。自然体験活動を多く行なうと，外向的で知的好奇心に富む性格になると結論してもよい。自然体験活動が性格形成に影響するという根拠を明確に示した研究はほとんどない。その意味で価値がある。ただ，調査研究という制約があるので，縦断的に子どもの変化を追いかけて因果関係を実証すれば，エビデンスはより強固になるだろう。

　1996年，第15期中央教育審議会は，子どもたちに「生きる力」が重要であると提言し，その育成方策の1つとして，青少年の生活体験・自然体験の機会の増加を求めた。自然体験活動は外向性と知的好奇心を促進する効果はあるので，「生きる力」にもよい影響があるかもしれない。しかし，「生きる力」の概念規定は不明確で，測定方法もない。文科省は，より具体的な根拠に基づく教育政策を進めるべきである。

*1　MMPIのL尺度を見ればわかるが，Lie（虚偽）尺度は普通の人が肯定する内容を否定した場合に加点する尺度で，論理的・経験的方法で作成される。さまざまな項目内容から構成されるので，1つの因子にまとまるはずはない。

*2　本研究は，大久保小学校金山泰仁前校長ほか，富山県の8つの小学校の担任教師と児童の多大な協力のおかげです。心より感謝申し上げます。

*3　本研究は，宮野小学校・宮下 章校長，八尾小学校・小林福治校長，大庄小学校・篠村幸夫校長，富山大学附属小学校・雨宮洋司校長，立山青少年自然の家職員，および各学校の担任教師と児童の多大な協力のおかげです。心より感謝申し上げます。

*4　http://www.cdc.gov/niosh/atwork.html

*5　本研究は，射水市立小杉小学校の水上義行校長先生，荒治和幸教頭先生ならびに児童のみなさんの協力の御陰です。心から御礼申し上げます。

*6　分析は富山大学人間発達科学部・佐藤徳助教授の示唆に負うところが多い。心より感謝申し上げます。

引 用 文 献

Aiken, L.R. 1996 *Personality assessment. 2nd revised edition.* Seattle : Hogrefe & Huber.
相澤直樹 2002 自己愛人格における誇大特性と過敏特性 教育心理学研究, **50**, 215-224.
Allport, G.W. & Odbert, H.S. 1936 Trait names : A psycho-lexical study. *Psychological Monographs,* **47**, (1, Whole No.211).
American Educational Research Association(AERA), American Psychological Association(APA) & National Council on Measurement in Education(NCME) 1985 *Standards for educational and psychological testing.* Washington: American Psychiatric Association. 赤木愛和・池田 央 (監訳) 1993 教育・心理検査法のスタンダード 図書文化
American Educational Research Association(AERA), American Psychological Association(APA), & National Council on Measurement in Education(NCME) 2002 *Standards for educational and psychological testing.* Washington : American Educational Research Association.
American Psychiatric Association(APA) 2000 *Diagnostic and statistical manuals of mental disorders. 4th edition. Text Revision.* Washington: American Psychiatric Association. 高橋三郎・大野 裕・染矢俊幸 (訳) 2002 DSM-IV-TR 精神疾患の診断・統計マニュアル 医学書院
Anastasi, A. & Urbina, S. 1997 *Psychological Testing.* New Jersey: Prentice Hall.
安藤明人・曽我祥子・山崎勝之・島井哲志・嶋田洋徳・宇津木成介・大芦 治・坂井明子 1999 日本版Buss-Perry攻撃性質問紙(BAQ)の作成と妥当性, 信頼性の検討 心理学研究, **70**, 384-392.
Angoff, W.H. 1988 Validity: An evolving concept. In H. Wainer & H.I. Braun (Eds.), *Test validity.* New Jersey: Lawrence Erlbaum Associates.
青木健次 1980 投影描画法の基礎的研究(第1報)—再検査信頼性— 心理学研究, **51**, 9-17.
青木孝悦 1971 性格表現用語の心理-辞典的研究—455語の選択, 分類および望ましさの評定— 心理学研究, **42**, 1-13.
青木孝悦 1974 個性表現辞典—人柄をとらえる技術と言葉— ダイヤモンド社
Baker, F.B. & Kim, S.-H. 2004 *Item response theory : Parameter estimation techniques. 2nd edition, revised and expanded.* New York: Marcel Dekker.
Barbaranelli,C., Caprara,G.V., Rabasca, A., & Pastorelli, C. 2003 A questionnaire for measuring the Big Five in late childhood. *Personality and Individual Differences,* **34**, 645-664.
Beck, A.T., Rush, A.J., Shaw, B.F., & Emery, G. 1979 *Cognitive therapy of depression.* New York : Guilford Press.
Beck, A.T., Ward, C.H., Mendelson, M., Mock, J., & Erbaugh, J. 1961 An inventory for measuring depression. *Archives of General Psychiatry,* **4**, 561-571.
Bernreuter, R.G. 1933 The theory and construction of the personality inventory. *Journal of Social Psychology,* **4**, 387-405.
Bingham, W.V. 1937 *Aptitudes and aptitude testing.* New York : Harper.
Borsboom, D., Mellenbergh, G., & Van Heerden, J. 2004 The concept of validity. *Psychological Review,* **111**, 1061-1071.
Brogden, H.E. 1946 On the interpretation of the correlation coefficient as a measure of predictive efficiency. *Journal of Educational Psychology,* **37**, 65-76.
Buss, A.H. & Perry M. 1992 The aggression questionnaire. *Journal of Personality and Social Psychology,* **63**, 452-459.
Campbell, D.T. & Fiske, D.W. 1959 Convergent and discriminant validation by the multitrait-multimethod matrix. *Psychological Bulletin,* **56**, 81-105.
Carmines, E.G. & Zeller, R.A. 1979 *Reliability and validity assessment.* Beverly Hills : Sage Publications. 水野欽司・野嶋栄一郎 (訳) 1983 テストの信頼性と妥当性 朝倉書店
Cattell, R.B. 1943 The description of personality : Basic traits resolved into clusters. *Journal of Abnormal and*

Social Psychology, **38**, 476-508.
Cattell, R.B. 1945a The description of personality : Principles and findings in a factor analysis. *American Journal of Psychology,* **58**, 69-90.
Cattell, R.B. 1945b The principal trait clusters for describing personality. *Psychological Bulletin,* **42**, 129-161.
Cattell, R.B. 1947 Confirmation and clarification of primary personality factors. *Psychometrika,* **12**, 197-220.
築尾むつみ 2006 大学生の対人ストレスイベントに対するコーピングの有効性の検討 富山大学卒業論文
Cliff, N. 1966 Orthogonal rotation to congruence. *Psychometrika,* **31**, 33-42.
Cronbach, L.J. & Meehl, P.E. 1955 Construct validity in psychological tests. *Psychological Bulletin,* **52**, 281-302.
Cureton, E.E. 1950 Validity. In E.F. Lindquist (Ed.), *Educational measurement.* Washington, DC : American Council in Education.
Dozois, D.J.A. & Covin, R. 2004 The Beck Depression Inventory-II(BDI-II), Beck Hopelessness Scale(BHS), and Beck Scale for Suicide Ideation(BSS). In M.J. Hilsentoth & D.L. Segal (Eds.), *Comprehensive handbook of psychological assessment.* New Jersey : John Wiley & Sons, Inc.
Drake, L.E. 1946 A social I-E scale for the MMPI. *Journal of Applied Psychology,* **30**, 51-54.
遠藤由美 1992 自己評価基準としての負の理想自己 心理学研究, **63**, 214-217.
Eysenck, H.J. 1990 Biological dimension of personality. In L.A. Pervin(Ed.), *Handbook of personality : Theory and research.* New York : Guilford. Pp.244-276.
Feldt, L.S. & Brennan, R.L. 1989 Reliability. In R.L. Lin(Ed.), *Educational Measurement. 3rd edition.* New York : Macmillan. 柳井晴夫・小笠原春彦（訳） 1992 信頼性 池田 央・藤田恵璽・柳井晴夫・繁桝算男 教育測定学 C.S.L.学習評価研究所
Forer, B.R. 1949 The fallacy of personal validation: A classroom demonstration of gullibility. *Journal of Abnormal and Social Psychology,* **44**, 118-123.
藤島 寛・山田尚子・辻 平治郎 2005 5因子性格検査短縮版（FFPQ-50）の作成 パーソナリティ研究, **13**, 231-241.
Goldberg, L. 1990 An alternative "Description of Personality" : The big-five factor structure. *Journal of Personality and Social Psychology,* **59**, 1216-1229.
Goldberg, L. 1992 The development of markers for the big-five factor structure. *Psychological Assessment,* **4**, 26-42.
Gorsuch, R.L. 1983 *Factor analysis. 2nd edition.* New Jersey : Lawrence Erlbaum Associates.
Gregory, R.J. 1992 *Psychological testing : History, principles, and applications.* London : Allyn and Bacon.
Guilford, J.P. 1946 New standards for test evaluation. *Educational and Psychological Measurement,* **6**, 427-438.
Hanson, B.A. 2002 IRT command language. http://sourceforge.net/projects/ssm/
Hartshorne, H. & May, M.A. 1928 *Studies in deceit.* New York : Macmillan.
橋本 剛 1997 対人関係が精神的健康に及ぼす影響―対人ストレス生起過程因果モデルの観点から― 実験社会心理学研究, **37**, 50-64.
畑山奈津子 2006 小学生用主要5因子性格検査の製作―児童の性格特性と攻撃性との関係の分析― 富山大学教育学研究科修士論文
Hathaway, S.R. & McKinley, J.C. 1940 A multiphasic personality schedule(Minnesota) : I. Construction of the schedule. *Journal of Psychology,* **10**, 249-254.
Holland, P.W. & Hoskens, M. 2002 Classical test theory as a first-order item response theory: Application to true-score prediction from a possibly nonparallel test. Research Report, RR-02-20. Princeton : Educational Testing Service.
Holland, P.W. & Thayer, D.T. 1988 Differential performance and the Mantel-Haenszel procedure. In H. Wainer & H.I. Braun(Eds.), *Test validity.* New Jersey : Lawrence Erlbaum Associates.
Howell, D.C. 2002 *Statistical methods for psychology. 5th edition.* Pacific Grove : Duxbury.
池田 央 1973 心理学研究法 8 テスト 2 東京大学出版会
池田 央 1994 現代テスト理論 朝倉書店

石田英子・小笠原春彦・藤永 保 1991 「頭の良い人」の属性に関する比較文化的研究―6カ国の「頭の良さ」の因子構造比較― 教育心理学研究, 39, 270-278.
Kane, M. 2001 Current concerns in validity theory. *Journal of Educational Measurement*, 38, 319-342.
叶 俊文・平田裕一・中野友博 2000 自然体験活動が児童・生徒の心理的側面に及ぼす影響―少年自然の家主催事業参加者の過去の自然体験活動の有無からの比較― 野外教育研究, 4, 39-50.
柏木繁男 1975 内田クレペリンにおける解析的評価法 金子書房
柏木繁男・和田さゆり・青木孝悦 1993 性格特性のBIG FIVEと日本語版ACL項目の斜交因子基本パターン 心理学研究, 64, 153-159.
柏木繁男・山田耕嗣 1995 性格特性5因子モデル(FFM)による内田クレペリンテストの評価について 心理学研究, 66, 24-32.
Kline, P. 1986 *A handbook of test construction*. New York : Methuen.
児玉 省・品川不二郎・印東太郎 1958 WAIS成人知能診断検査法 日本文化科学社
国立オリンピック記念青少年総合センター 2004 青少年の体験活動の実態に関する調査研究 平成15年度調査研究事業 国立オリンピック記念青少年総合センター http://www.nyc.go.jp/youth/15taikentop.html
国立立山少年自然の家 2003 主催事業のプログラム企画と評価 平成14年度重点主催事業報告―宇宙の神秘スペースクラブ童夢2002, 真夏のチャレンジ立山&富山湾― 国立立山少年自然の家
小西瑞穂・大川匡子・橋本 宰 2006 自己愛人格傾向尺度(NPI-35)の作成の試み パーソナリティ研究, 14, 214-226.
黒川はつ美 2000 主要5因子性格検査の併存的妥当性の検討―GHQとの関連― 富山大学教育学部卒業論文
桑原知子 1985 パーソナリティ測定尺度に関する一研究―SD法との比較による,新しい測定形式の検討― 心理学研究, 56, 79-85.
桑原知子 1986 人格の二面性測定の試み―NEGATIVE語を加えて― 教育心理学研究, 34, 31-38.
Laird, D.A. 1927 Detecting abnormal behavior. *Journal of Abnormal and Social Psychology*, 20, 128-141.
Landis, C. & Katz, S.E. 1934 The validity of certain questions which purport to measure neurotic tendencies. *Journal of Applied Psychology*, 18, 343-356.
Lawton, M.P. 1975 The Philadelphia geriatric center moral scale : A revision. *Journal of Gerontorogy*, 30, 85-89.
Levine, M.S. 1977 *Canonical analysis and factor comparison*. Beverly Hills: SAGE Publications. 柳井晴夫・新田有史(訳) 1984 多変量相関分析の方法 朝倉書店
Mantel, N. & Haenzel, C.N. 1959 Statistical aspects of the analysis of data from retrospective studies of disease. *Journal of the National Cancer Institute*, 22, 719-748.
McCrae, R.R. & Costa, P.T., Jr. 1985 Updating Norman's "adequate taxonomy" : Intelligence and personality dimensions in natural language and in questionnaires. *Journal of Personality and Social Psychology*, 49, 710-721.
Meehl, P.E. 1956 Wanted: A good cookbook. *American Psychologist*, 11, 263-272.
Meehl, P.E. & Hathaway, S.R. 1946 The K factor as a suppressor variable in the MMPI. *Journal of Applied Psychology*, 30, 525-564.
Megargee, E.I., Cook, P.E., & Mendelsohn, G.A. 1967 Development and validation of an MMPI scale of assaultiveness in overcontrolled individuals. *Journal of Abnormal Psychology*, 72, 519-528.
Messick, S. 1975 The standard problem: Meaning and values in measurement and evaluation. *American Psychologist*, 30, 955-966.
Messick, S. 1989 Validity. In R.L. Linn (Ed.), *Educational Measurement. 3rd edition*. New York : Macmillan. 池田 央(訳) 1992 妥当性 池田 央・藤田恵璽・柳井晴夫・繁桝算男 教育測定学 C.S.L.学習評価研究所
MMPI新日本版研究会(編) 1993 MMPIマニュアル 1993年版 三京房
MMPI新日本版研究会(編) 1997 MMPI新日本版の標準化研究 三京房
村上千恵子 1998 高齢者の幸福感に健康・家族・生活・性格が果たす役割 日本の地域福祉, 12, 81-94.
村上千恵子・村上宣寛 2003 職場のストレスを軽減する要因(1)―予備分析― 日本心理学会第67回大会発表論文集, 1249.

村上千恵子・村上宣寛 2004 職場ストレスによる欠勤予測尺度の作成—職場のストレスを軽減する要因（2）— 日本心理学会第68回大会発表論文集, 1211.
村上宣寛 1986 非行少年と普通少年の意識の差異について 心理学研究, **57**, 1-7.
村上宣寛 1993 最新コンピュータ診断性格テスト—こころは測れるのか 日刊工業新聞社
村上宣寛 2002 基本的な性格表現用語の収集 性格心理学研究, **1**, 35-49.
村上宣寛 2003 日本語におけるビッグ・ファイブとその心理測定的条件 性格心理学研究, **11**, 70-85.
村上宣寛 2005a 「心理テスト」はウソでした。—受けたみんなが馬鹿を見た— 日経BP社
村上宣寛 2005b 性格表現用語の社会的望ましさと自己評定値の関係 日本心理学会第69回大会発表論文集, 51
村上宣寛・福光 隆 2005 問題攻撃性尺度の基準関連的構成とアサーション・トレーニングによる治療的介入 パーソナリティ研究, **13**, 170-182.
村上宣寛・村上千恵子 1988 なぞときロールシャッハ—ロールシャッハ・システムの案内と展望— 学芸図書
村上宣寛・村上千恵子 1992 コンピュータ心理診断法—MINI, MMPI-1自動診断システムへの招待—学芸図書
村上宣寛・村上千恵子 1994 MMPI-1の再検査信頼性と内的整合性について 精神科診断学, **5**, 457-469.
村上宣寛・村上千恵子 1996 MMPI-1, MINI, MINI-124の世代別標準化研究 性格心理学研究, **4**, 23-37.
村上宣寛・村上千恵子 1997 主要5因子性格検査の尺度構成 性格心理学研究, **6**, 29-39.
村上宣寛・村上千恵子 1999a 性格は五次元だった—性格心理学入門— 培風館
村上宣寛・村上千恵子 1999b 主要5因子性格検査の世代別標準化 性格心理学研究, **8**, 32-42.
村上宣寛・村上千恵子 2001 主要5因子性格検査ハンドブック 学芸図書
村上宣寛・村上千恵子 2004 臨床心理アセスメントハンドブック 北大路書房
村上宣寛・村上千恵子 2017 MMPI-1/MINI/MINI-124ハンドブック 筑摩書房
Murray, H.A. (Ed.) 1938 *Explorations in personality : A clinical, and experimental study of fifty men of college age.* Oxford University Press. 外林大作（訳編） 1952 パーソナリティⅠ・Ⅱ 誠信書房
Muthén, B. 1988 Some uses of structural equation modeling in validity studies: Extending IRT to external variables. In H. Wainer & H.I. Braum (Eds.), *Test validity.* New Jersey : Lawrence Erlbaum Associates. Pp.213-238.
中川泰彬・大坊郁夫 1985 日本版GHQ精神健康調査票手引 日本文化科学社
Naylor, J.C. & Shine, L.C. 1965 A table for determining the increase in mean criterion score obtained by using a selection device. *Journal of Industrial Psychology,* **3**, 33-42.
小塩真司 1997 自己愛傾向に関する基礎的研究—自尊感情、社会的望ましさとの関連— 名古屋大学教育学部紀要（心理学）, **45**, 45-53.
小塩真司 1999 高校生における自己愛傾向と友人関係のあり方との関連 性格心理学研究, **8**, 1-11.
小塩真司 2004 自己愛傾向と大学生活不安の関連 中部大学人文学部研究論集, **12**, 67-77.
大竹 敢 2004 使いこなす gnuplot 改訂第2版 テクノプレス
Popham, W.J. & IOX Assessment Associates 1997 Consequential validity: Right concern-wrong concept. *Educational Measurement: Issues and Practice,* **16**, 9-13.
Raskin, R. & Hall, C.S. 1979 A narcissistic personality inventory. *Psychological Reports,* **45**, 590.
Raskin, R. & Terry, H. 1988 A principal-components analysis of the narcissistic personality inventory and further evidence of its construct validity. *Journal of Personality and Social Psychology,* **54**, 890-902.
労働省 2000 労働の場におけるストレス及びその健康影響に関する研究報告書 東京医科大学衛生学公衆衛生学教室
坂井明子・山崎勝之・曽我祥子・大芦 治・島井哲志・大竹恵子 2000 小学生用攻撃性質問紙の作成と信頼性、妥当性の検討 学校保健研究, **42**, 423-433.
佐方哲彦 1986 自己愛人格の心理測定—自己愛人格目録（NPI）の開発— 和歌山県立医科大学進学課程紀要, **16**, 77-86.
佐藤 徳・安田朝子・児玉千稲 2001 3要因モデルに基づく、抑うつならびに不安症状の分類—多次元抑うつ不安症状尺度の作成— 性格心理学研究, **10**, 15-26.
生和秀敏 1971 内田・クレペリン精神作業曲線の検査反復にともなう変化について 心理学研究, **42**, 152-164.

芝　祐順　1972　項目分析　肥田野直（編）　テストI　東京大学出版会
芝　祐順（編）　1991　項目反応理論　基礎と応用　東京大学出版会
清水健司・海塚敏朗　2002　青年期における対人恐怖心性と自己愛の関連　教育心理学研究, **50**, 54-64.
下仲順子・中里克治・権藤恭之・高山　緑　1999　NEO-PI-R, NEO-FFI共通マニュアル　東京心理
品川不二郎・小林重雄・藤田和弘・前川久夫（訳編著）　1990　日本版WAIS-R成人知能検査法　Pp.48-51.
庄司正実・庄司一子　1992　職場用コーピング尺度の信頼性・妥当性の検討　産業医学, **34**, 10-17.
Snedecor, G.W. & Cochran, W.G.　1967　*Statistical methods. 6th edition.* Iowa：The Iowa State University Press.
　　畑村又好・奥野忠一・津村善郎（訳）　1972　統計的方法　原書第6版　岩波書店
曽我祥子　1999　小学生用5因子性格検査（FFPC）の標準化　心理学研究, **70**, 346-351.
曽我祥子・島井哲志・大竹恵子　2002　児童の攻撃性と性格特性との関係の分析　心理学研究, **73**, 358-365.
宗内　敦　1983　カラー・ピラミッド・テストの信頼性の検討　教育心理学研究, **31**, 239-244.
Stevens, S.S.　1951　Mathematics, measurement and psychophysics. In S.S. Stevens (Ed.), *Handbook of experimental psychology.* New York：Wiley. Pp.1-51.　吉田正昭（訳編）　1968　数学，測定，精神物理学　計量心理学リーディングス　第2章　誠信書房
末松弘行・野村　忍・和田迪子　1993　TEG　第2版　手引き　金子書房
摺出陽子　2006　自己愛人格尺度の作成　富山大学卒業論文
Taylor, H.C. & Russell, J.T.　1939　The relationship of validity coefficients to the practical effectiveness of tests in selection. Discussion and tables. *Journal of Applied Psychology*, **23**, 565-578.
Thurston, L.L.　1934　The vectors of mind. *Psychological Review*, **41**, 1-32.
Thurston, L.L.　1947　*Multiple-factor analysis: A development and expansion of the vector of mind.* Chicago：The university of Chicago Press.
Thurston, L.L. & Thurston, T.G.　1930　A neurotic inventory. *Journal of Social Psychology*, **1**, 3-30.
東京大学医学部心療内科　1989　新版エゴグラムパターン―TEG東大式エゴグラムによる性格分析―　金子書房
東京大学医学部心療内科　1995　新版エゴグラムパターン―TEG（東大式エゴグラム）第2版による性格分析―　金子書房
豊田秀樹　1998　共分散構造分析　入門編　朝倉書店
豊田秀樹　2002a　項目反応理論　入門編　朝倉書店
豊田秀樹（編著）　2002b　項目反応理論　事例編　朝倉書店
辻　平治郎（編）　1998　5因子性格検査の理論と実際　こころをはかる5つのものさし　北大路書房　Pp.60-70.
辻　平治郎（研究代表者）　2001　日本語での語彙アプローチモデルに基づくパーソナリティ特性次元の分析　平成10, 11, 12年度科学研究補助金（基盤C）研究成果報告書（課題番号10610151）
辻　平治郎・加納真美・新野邊深雪　1990　日本版EPQ（Eysenck Personality Questionnaire）作成の試み　甲南女子大学研究紀要, **26**, 59-80.
辻　平治郎　1993　性格の5因子モデル：その構成概念の検討　甲南女子大学人間科学年報, **18**, 3-15.
辻岡美延　1957　矢田部・Guilford性格検査　心理評論, **1**, 70-100.
辻岡美延　1972　新性格検査法―Y-G性格検査実施・応用・研究手引―　竹井機器工業株式会社
Tulsky, D.S., Saklofske, D.H., & Ricker, J.H.　2003　Historical overview of intelligence and memory: Factors influencing the Wechsler scales. In D.S. Tulsky, D.H. Saklofske, G.J. Chelune, R.K. Heaton, R.J. Ivnik, R. Bornstein, A. Priftera & M.F. Ledbetter (Eds.), *Clinical interpretation of the WAIS-III and WMS-III.* New York：Academic Press.
和田さゆり　1996　性格特性用語を用いたBig Five尺度の作成　心理学研究, **67**, 61-67.
渡辺直登・野口裕之（編著）　1999　組織心理測定論　項目反応理論のフロンティア　白桃書房
Wechsler, D.　1958　*The measurement, and appraisal of adult intelligence.* Baltimore：The Williams & Wilkins.　茂木茂八・安富利光・福原真知子（訳）　1972　成人知能の測定と評価　日本文化科学社
Wood, J.M., Nezworski, M.T., Lilienfeld, S.O., & Garb, H.N.　2003　*What's wrong with the Rorschach?* New York：John Wiley & Sons.　宮崎謙一（訳）　2006　ロールシャッハテストはまちがっている―科学からの異議―　北大路書房

山崎勝之(編著) 2000 心の健康教育—子どもを守り,学校を立て直す— 星和書店
山崎勝之 2002 攻撃性の発達と教育 山崎勝之・島井哲志(編) 攻撃性の行動科学 発達・教育編 第1章 ナカニシヤ出版
柳井晴夫 2000 因子分析法をめぐる問題点を中心にして 教育心理学年報, **39**, 96-108.
柳井晴夫・柏木繁男・国生理枝子 1987 プロマックス回転法による新性格検査の作成について(I) 心理学研究, **58**, 158-165.
安元美乃 2006 自然体験活動が子どもの心理的側面に及ぼす影響 富山大学卒業論文

付録 A
ソフトウェア

1. 統計処理

　SPSS[*1]，S-PLUS[*2]，STATISTICA[*3]，SAS[*4]など，有名な統計処理ソフトがあり，誰でも簡単に統計処理が可能になった。筆者は購入していないため，どれがよいか判断できない。

　筆者はMS-DOSの時代から自分の必要性，卒論指導などで，小規模なプログラムを自作していた。Windowsに対応する予定はなかったが，結局，自然発生的に作成してしまったのが，Statisticsである。低機能で，小さなプログラムを集めたものにすぎない。ソフトはヴェクターのサイト[*5]からダウンロード可能である。メニューを紹介しておく。

① データ入力・編集：キーボード入力・編集，サンプル・変数操作，データ自動生成 for MMPI, MINI, MINI-124, MINI-27, BigFive
② 記述統計：度数分析，基礎統計量，信頼区間の推定，比率の推定
③ 仮説検定：平均値の差の検定，クロス集計表の検定，相関係数の有意性検定
④ 比較・分散分析：すべての対比較(Holm法)，すべての対比較 (Tukey法)，1要因分散分析，2要因分散分析(2要因とも対応がなく，データ数が等しい場合)，2要因分散分析(2要因とも対応がなく，データ数が異なる場合)，2要因分散分析(B要因に対応がある場合)，2要因分散分析(2要因とも対応がある場合)，3要因分散分析(C要因に対応がある場合)
⑤ 尺度構成：二集団質問項目一括検定，2ファイル間相関，無回答の算出，尺度素点／合計点算出，相関行列，α係数連続算出，標準得点換算表，ICLからPlot Data作成
⑥ 因子分析：相関行列，因子抽出，直交回転，斜交回転，並べ替え，因子得点，一致係数
⑦ グラフィック：ヒストグラム，折れ線グラフ，散布図
⑧ その他：数値→エクセルテキスト，数値→L^{A}T$_E$X，Text→L^{A}T$_E$X，変数(行)とサンプル(列)の変換，プリンタ出力の確認，テキストの文字数カウント

　Statisticsのデータ構造は図2.1(p.13)の最初の行に変量の数を入れたテキストファイルである。したがって，エディタやワープロで修正可能である。共分散構造分析ソフトAmos5.0を導入ずみのため，回帰分析のメニューがない。Amosにデータを読み込ませるため，数値→エクセルテキスト変換ソフトを作成した。エディタで簡単に変換できるため，逆のメニューはない。また，Gnuplotという高機能なフリーソフトがあるため，グラフィックは少し書いただけである。

2．項目反応理論

BILOG[*6]，MPlus[*7] などが有名で，豊田（1998）に使用例がある。筆者はどこまで本格的に使用するかわからなかったのでフリーソフトを探した。

1）EPDIRM と ICL

　ハンサン（Hanson, B.A., 1957-2002）[*8] の EPDIRM（Estimation Program for Dichotomous Item Response Models）と ICL（IRT Command Language）は，高機能で利用価値のあるフリーソフトである。問題攻撃性尺度の分析にICLを使用した。

```
#
# kireru.tcl

# 1パラメタと2パラメタモデルの指定法、デフォルトは3PL。
# ICLの場合、バグのため dichotomous ではなく、dichtomous とする。

#set_default_model dichotomous 1PL
#set_default_model_dichotomous 2PL

# Write output to log file kireru.log              出力ファイルの指定
output -log_file kireru.log

# 13 items to be modeled                           変量の数
allocate_items_dist 13


# Read examinee item responses from file           データファイル
# Each record contains the responses to
# 13 items for an examinee in columns 1-13.        データの書式
read_examinees kireru.dat 13i1                     13変量、整数1桁

# Compute starting values for item parameter estimates
starting_values_dichotomous

# Perform EM iterations for computing item parameter estimates.
# Maximum of 50 EM iterations.
EM_steps -max_iter 50

# Print item parameter estimates and discrete latent
# variable distribution.
print -item_param -latent_dist -latent_dist_moments

# end of run
release_items_dist
```

図A.1　kireru.tcl ファイル

EPDIRMは2値データ，ICLは多値データに拡張したプログラムである。コマンドやデータファイルの形式は共通である。ただしICLにはバグがあり，3パラメタモデル以外はうまく動作しない。コマンドラインで動作するので，少し慣れが必要である。また，外国のソフトなので，日本語のフォルダ名は使えない。

　インストール後，ICLを起動すると窓が開く。コマンドプロンプトからicl kireru.tclと入力する。kireru.tclは，パラメタ推定用コマンドファイルである。問題攻撃性尺度の分析に使用したコマンドファイルを図A.1，データファイルを図A.2に示す。#の行は注釈で，計算結果はkireru.logに出力される。

　なお，θを計算するには，サンプルファイルを少しだけ改変し，kirerutheta.tclというコマンドファイルを作成し，icl kirerutheta.tclと入力した。

2）EasyEstimation・他

　名古屋大学大学院教育発達科学研究科熊谷龍一[*9]による項目反応理論の分析プログラムがある。EasyEstimationは2パラメタ・ロジスティック・モデルのパラメタ推定，多母集団モデルにも適用可能である。また，EasyEstThetaは，特性値の推定，推定誤差の計算ができる。さらに，EasyInfoという項目特性曲線・テスト情報量表示プログラムがある。筆者は使用経験がないので，詳細はダウンロードの上，確認していただきたい。

```
0111101111110
0111011110011
1111111101100
0111001111101
1111111111111
0011111101111
1101011101101
1111101111110
1011110110111
1111110111111
1100111101111
1111110111111
1111110111111
0111101111110
0111001111101
1110110111111
1111101111111
1001101101110
1111111111111
1111111111111
1111111111110
1111010111001
0111001111110
（以下略）
```

図A.2　kireru.datファイル

3．グラフィック

　グラフィックは，Gnuplot[*10]という高機能なフリーソフトがある。簡単なグラフィックは別にして，なるべく使いこなしたほうがよいだろう。英語のソフトなので，日本語化のパッチを当てないと，フォルダ名に日本語は使用できない。また，コマンドラインで動作するので，慣れが必要である。詳しいマニュアルもあるが，大竹（2004）を参照すれば，使用できる。

　じつは，ICLには項目特性曲線，項目情報量，テスト特性曲線用のコマンドファイルのサンプルがない。コマンドファイルを工夫すれば計算可能とは思うが，わからなかったので，DelphiでICLからプロット用データを作成するソフトを作った。Statisticsのメニュー

に登録してある．X軸とY軸の2変量データを自動生成するだけである．Gnuplotのコマンドラインで数式を書く必要がない．テスト特性曲線を描いた命令を図A.3に示す．もちろん，少し複雑になるが，プロット用データを作成せず，コマンドラインに数式を記入してもよい．

```
set multiplot
set xlabel "latent trait"
set ylabel "test score"
plot [-3:3] [0:14] "kirerutheta.dat" notitle
plot [-3:3] [0:14] "Test_chr_curve" notitle with line
```

図A.3　テスト特性曲線を描いたGnuplot命令

情報関数等もplot[－3: 3][0:3] 'information1'で描けるし，重ねて描くにはreplot 'information2', 'information3', …とコマンドを続ければよい．

* 1　http://www.spss.co.jp/
* 2　http://www.msi.co.jp/splus/
* 3　http://www.statsoft.co.jp/
* 4　http://www.sas.com/offices/asiapacific/japan/
* 5　http://www.vector.co.jp/vpack/browse/person/an012070.html
* 6　http://www.ssicentral.com/irt/index.html
* 7　http://www.utexas.edu/its/sds/products/mplus.html
* 8　http://www.b-a-h.com/
* 9　http://irtanalysis.main.jp/
* 10　http://www.gnuplot.info/

付録 B
主要5因子性格検査

　主要5因子性格検査（BigFive）の教示，質問項目，採点方向を示す．現在，(株)筑摩書房がソフト，冊子，マークカード，カーボン版検査用紙を商用配布しているため，商用利用に関しては(株)筑摩書房の許可を取っていただきたい．デモソフトはベクターのサイトからダウンロード可能である．

[教示]

　　回答は同封のマークカードをご使用ください．ファイル番号欄は空白のままで結構です．まず，年齢，性別，名前を記入して，マークしてください．
　　質問を読んで，自分に当てはまると思った場合は，「はい」のところをぬりつぶしてください．自分に当てはまらないと思った場合は，「いいえ」の所をぬりつぶしてください．あまり深く考えないで，感じた方の答えを選んでください．
　　答えはHBの鉛筆で記入し，間違えた場合は消しゴムでていねいに消してください．

[質問項目]

1. 問題を綿密に検討しないで，実行に移すことが多い．
2. どちらかというと怠惰な方です．
3. ほかの人と比べると話好きです．
4. どちらかというと地味でめだたない方です．
5. 思いやりがある方です．
6. 親しい仲間でも，本当に信用することはできません．
7. 将来のことを見通すことができる方です．
8. どうでもいいことを，気に病む傾向があります．
9. 疲れやすくはありません．
10. 軽率に物事を決めたり，行動してしまいます．

11. どちらかというと，にぎやかな性格です．
12. 仕事や勉強には精力的に取り組みます．

13. 自分で悩む必要のないことまで心配してしまうのは確かです。
14. 人前で話すのは苦手です。
15. だれにでも親切にするように心がけています。
16. あまり心配症ではありません。
17. ほかの人と同様に、神経質ではないと信じています。
18. どちらかというと、気持ちが動揺しやすい。
19. 積極的に人と付き合う方です。
20. 特に人前を気にする方ではありません。

21. どちらかというと徹底的にやる方です。
22. 難しい問題にぶつかると、頭が混乱することが多い。
23. どちらかというと引っ込み思案です。
24. ほかの人と比べると、あれこれ悩んだり、思いわずらったりする方です。
25. みんなで決めたことは、できるだけ協力しようと思います。
26. 物事を難しく考えがちです。
27. どちらかというと、飽きっぽい方です。
28. 物事がうまくいかないと、すぐに投げ出したくなります。
29. いつも何か気がかりです。
30. いろいろな分野の言葉をたくさん知っています。

31. 人から親切にされると、何か下心がありそうで警戒しがちです。
32. 問題を分析するのは苦手な方です。
33. 自分にはそれをする力がないと思って、あきらめてしまったことが何回かあります。
34. 機会さえあれば、大いに世の中に役立つことができるのにと思います。
35. どちらかというと、おとなしい性格です。
36. 何かに取り組んでも、中途半端でやめてしまうことが多い。
37. あまり自分の意見を主張しない方です。
38. ほかの人と同じように、すぐに友達ができる方です。
39. 私はたしかに自信に欠けています。
40. いろいろな問題や事柄から共通した性質を見つけだすのは、ほかの人より得意です。

41. 機会さえ与えられれば、皆のよいリーダーになれると思います。
42. 私は重要人物です。
43. ほとんどの知人から好かれています。
44. いつも気がかりなことがあって、落ち着きません。
45. みんなで決めたことでも、自分に不利になる場合は協力したくありません。

46. ひろく物事を知っている方です。
47. いつもと違ったやり方を，なかなか思いつきません。
48. どちらかというと人情があつい方です。
49. 誠実に仕事をしても，あまり得にはなりません。
50. 自信に満ちあふれています。

51. 筋道を立てて物事を考える方です。
52. すぐに，まごまごします。
53. ほかの人と比べると活発に行動する方です。
54. 大抵の人が動揺するような時でも，落ち着いて対処することができます。
55. はっきりとした目標を持って，適切なやり方で取り組みます。
56. くよくよ考え込みます。
57. 元気がよいと人に言われます。
58. 学校ではクラスの人たちの前で話すのがひどく苦手でした（です）。
59. ほかの人より洗練された考え方をする方です。
60. どちらかというと無口です。

61. ほかの人と比べると，物事の本質が見抜ける方です。
62. こまごまとしたことまで気になってしまいます。
63. 人の言葉には裏があるので，そのまま信じない方がよいと思います。
64. どちらかというと三日坊主で，根気がない方です。
65. いつも人の立場になって考えるように心がけています。
66. 緊張してイライラすることがよくあります。
67. 旅行などでは，あらかじめ細かく計画を立てることが多い。
68. 人助けのためなら，やっかいなことでもやります。
69. 初対面の人と話をするのは骨が折れるものです。
70. 子供や老人の世話をするのが好きです。

[採点方向]

BigFiveの項目番号と採点方向を表B.1に示す。なお，カーボン版は採点の便宜上，項目の順序が異なっているので注意していただきたい。

表B.1 BigFiveの項目番号と採点方向

頻度 (F)									
はい	:	31	44	50					
いいえ	:	5	15	25	48	65			
建前 (Att)									
はい	:	9	20	41	43	50			
いいえ	:	33	39	52	58	69			
外向性 (E)									
はい	:	3	11	19	38	53	57		
いいえ	:	4	14	23	35	37	60		
協調性 (A)									
はい	:	5	15	25	48	65	68	70	
いいえ	:	6	31	45	49	63			
良識性 (C)									
はい	:	12	21	51	55	67			
いいえ	:	1	2	10	27	28	36	64	
情緒安定性 (N)									
はい	:	16	17						
いいえ	:	8	13	18	24	26	29	44	56	62	66
知的好奇心 (O)									
はい	:	7	30	34	40	42	46	54	59	61
いいえ	:	22	32	47						

付録 C
小学生用主要5因子性格検査
（第二版）

　小学生用主要5因子性格検査（第二版：LittleBigFive2）の教示，質問項目を示す。現在，（株）筑摩書房がソフト，冊子，マークカード，カーボン版検査用紙を商用配布しているため，商用利用に関しては（株）筑摩書房の許可を取って頂きたい。ただし，卒業論文，修士論文等の研究目的には自由に利用して良い。

[教示]

やり方

　回答は同封のマークカードをご使用ください。ファイル番号欄は空白のままで結構です。まず，年齢，性別，名前を記入して，マークしてください。
　質問を読んで，自分に当てはまると思った場合は，「はい」のところをぬりつぶしてください。自分に当てはまらないと思った場合は，「いいえ」の所をぬりつぶしてください。あまり深く考えないで，感じた方の答えを選んでください。
　答えはHBの鉛筆で記入し，間違えた場合は消しゴムでていねいに消してください。

[質問項目]

1. ほかの人とくらべると元気に行動するほうです。
2. 思いやりがあるほうです。
3. どちらかというと，さいごまで全力をつくすほうです。
4. いつも気になることがあって，落ちつきません。
5. たくさんものごとを知っているほうです。
6. からかわれたら，たたいたりけったりするかもしれません。
7. おこると，くちぎたない言葉を言います。
8. 元気がよいと人に言われます。
9. どちらかというと人にたいしてやさしいほうです。
10. むずかしい事にチャレンジします。

11. どちらかというと，気持ちが落ちつかないことが多いです。
12. いろいろなことをたくさん知っています。
13. すぐにおこるほうです（むかつくほうです）。
14. たたかれたらたたきかえします。
15. わたしはだいたんなほうだと思います。
16. だれにでも親切にするようにしています。
17. どちらかというと，やろうと思ったことが長つづきしないで，こん気がないほうです。
18. くよくよと考えこみます。
19. いろいろな問題やことがらから同じせいしつを見つけだすのは，ほかの人よりとくいです。
20. クラスの中で大切な人です。

21. いやなことを言ったあい手には強く言いかえします。
22. どちらかというと，おとなしいほうです。
23. いつも人の立場になって考えるようにしています。
24. 何かにとりくんでも，とちゅうでやめてしまうことが多いです。
25. きんちょうしてイライラすることがよくあります。
26. 問題をよく考えないで，行動することが多いです。
27. 友だちの考えにさんせいできないときは，はっきり言います。
28. 深く考えないですぐに行動するほうです。
29. 言って良いことと悪いことはよく考えてくべつします。
30. どちらかというと，あきっぽいほうです。

31. ちいさなことまで気になってしまいます。
32. 問題をいろいろなほうめんから考えるのがにがてなほうです。
33. すぐにけんかをしてしまいます。
34. 少しこわいことをやってみるほうです。
35. けんかをしたあとそのりゆうを考えます。
36. いじめられている子を見ると助けてあげたくなる。
37. いつも気に入らなくてぶすっとしています。
38. ほかの人とくらべると、ものごとの本当のことがみぬけるほうです。
39. 人にらんぼうなことをしたことがあります。
40. ほかの人とくらべると話しずきです。

41. 人のいうことは信じられないほうです。
42. 自分から親の手伝いをします。
43. あまり考えないでものごとを決めたり、行動しています。
44. むずかしい問題にぶつかると、どう考えればよいかわからなくなることが多いです。
45. ちょっとしたことではらがたちます（むかつきます）。
46. 人の前で話すのはにがてです。
47. 学校のしごとや勉強には、いっしょうけんめいにとりくみます。
48. こわいものから逃げたくなります。
49. あまり心ぱいばかりするほうではありません。
50. しゅくだいがあれば終わるまで遊びません。

51. カッとするとなかなか気持ちをおちつけることができなくなります。

[採点方向]

頻度(F)										
はい	:	19	25	33	37	41				
いいえ	:	36	39							
問題攻撃性(Ag)										
はい	:	6	7	12	13	14	21	27	33	39	45	51
いいえ	:	2	20							
外向性(E)										
はい	:	1	8	15	28	34	40			
いいえ	:	22	46							
協調性(A)										
はい	:	2	9	16	23	29	35	47		
いいえ	:	41								
良識性(C)										
はい	:	3	10	36	42					
いいえ	:	17	24	30	48					
情緒安定性(N)										
はい	:	49								
いいえ	:	4	11	18	25	31	37	43		
知的好奇心(O)										
はい	:	5	12	19	38	50				
いいえ	:	26	32	44						

索　引

●あ
ICL	135-137
アサーション・トレーニング	110, 111
α係数	33, 36, 37, 57, 73, 74, 79, 89, 98, 103, 110, 113

●い
EasyEstimation	137
EPDIRM	136, 137
EPPS（性格検査）	9
一致係数	135
一般化可能性理論	48, 49, 83
因果関係	27, 125, 127
因子的妥当性	58
因子分析	12, 57, 63, 73, 78-82, 88, 89, 100, 101, 104, 107, 109-113, 120, 123, 124
因子分析的質問紙	9, 68, 104, 106, 112

●う
WAIS-R	43, 45, 46, 54
ウェクスラ知能検査	3
内田-クレペリン検査	47, 48

●え
HAQC（小学生用攻撃性質問紙）	106-108, 110-112
FFPQ（5因子性格検査）	67, 94, 100, 111
FFPC（小学生用5因子性格検査）	111, 112
MMPI（ミネソタ多面人格目録）	8, 11, 66, 69, 70, 74
MMPI新日本版	25, 94
MMPI-1	11, 26, 43, 44, 67, 71, 94, 102
MPI（モーズレイ性格検査）	10, 67

●か
回帰係数	29, 30, 53, 57, 97
回帰分析	12, 28, 57
外向性	2, 10, 20, 23, 51, 55, 65, 89, 103-106, 108, 113, 115, 127
外部基準	10, 33, 51-54, 57-59, 63, 64, 68, 73, 74, 78, 90, 92, 100, 107
確信バイアス	58
カラーピラミッドテスト	47
間隔尺度	12
関係数	67

●き
基準関連妥当性	4, 11, 52-58, 64, 73, 88, 99, 100, 103, 112, 113
基準関連的質問紙	11, 68
希薄化の修正	40
協調性	65, 103-106, 108, 113, 115, 127
共分散	22
共分散構造分析	56, 57, 88, 118, 127, 135
虚言尺度	64

●け
系統抽出法	93, 125
決定係数	25, 30

●こ
語彙研究	99, 100, 105
交差妥当化	92
構成概念妥当性	52, 53, 55, 56
合成得点	34, 41, 42, 48, 83
項目困難度	16, 49, 68, 71, 73, 75, 83, 84, 98
項目情報関数	84, 86, 110
項目特性曲線（ICC）	83, 85, 137
項目反応理論（IRT）	49, 83-86, 88, 96, 111, 136
項目分析	6, 7, 63, 64, 67, 68, 71, 73, 88
効率性	1
コーピング	115, 118, 119
心の健康チェック表	116
個人データシート	4
古典的テスト理論	1, 22, 35, 48, 49, 83
固有値	81
困難度	71, 75, 77, 78, 84

●さ
最小自乗法	28

再テスト法 35
最頻値 17
差得点 42, 43, 45
3件法 67, 76
散布図 26, 38, 40, 59, 60, 86
散布度 17

●し
GHQ（精神健康調査票） 11, 100, 103
CF式（千葉大式）性格検査 93
CMI（健康調査票） 11
G-P分析 5, 73, 77
識別力 84-86, 110
自己愛傾向尺度 119, 123
自己愛人格障害 119
自然体験活動尺度 124
四分位範囲 17
4分相関係数 78
社会的妥当性 58
社会的望ましさ 69, 71, 98, 105
斜交回転 82, 123, 124
重回帰分析 30
重相関係数 30, 31
16PF（人格検査） 10, 35, 82, 124
順序尺度 12, 17
小学生用性格検査 112
情緒安定性 103, 104, 106, 108, 113, 115, 127
職場のストレス判定図 115
職場用コーピング尺度 116
神経症検査 5
新日本版MMPI 25
信頼性 1-4, 10, 26, 33-38, 40, 42-52, 54, 63, 74, 102, 110, 124
信頼性係数 1, 5, 6, 10, 22, 25, 33-40, 43, 45-50, 54, 84, 88, 90, 97, 103
信頼度指数 49
心理学的構成概念 1, 2, 43, 52, 55, 56, 68

●す
スクリー法 80
Statistics 135, 137
ストレス尺度 56, 57, 64
ストレスモデル 115
スピアマン-ブラウンの修正公式 3, 36, 41

●せ
正規分布 20, 49, 94-96
正規累積モデル 83, 84
積率相関（係数） 22, 78
Z得点 20, 21, 94, 96
折半法 36
是認率 55, 68, 71, 75-78, 83, 98
潜在特性 49, 84-86, 96, 97
選抜比 61

●そ
層化抽出法 93
相関係数 22-27, 35-37, 40, 41, 44, 45, 51, 53-55, 57, 58, 68, 77, 81, 99, 107, 110, 113

●た
対人ストレスイベント尺度 116
代表値 16
多段抽出法 93
建前尺度 64, 70, 102-104
妥当性 1-4, 9-11, 28, 33, 43, 44, 46-48, 51-64, 73, 74, 103, 110, 113
妥当性係数 1, 10, 46, 51, 54, 58, 59, 68, 73, 90, 92, 97, 107, 111
妥当性の収縮 92
単回帰分析 28
単純構造 82, 99, 102, 124

●ち
知能検査 3
中央値 17
直交回転 79, 82, 102, 113, 124

●て
DIF 77
TEG（東大式エゴグラム） 10, 63, 67, 99, 100
DSM-Ⅳ（精神疾患の診断・統計マニュアル第4版） 9, 65
DSM-Ⅳ-TR 119, 120, 123
D指標 74, 75
T得点 16, 20, 21, 102
データ行列 13
敵意の過統制 77
テスト特性曲線 50, 84-86, 97, 137, 138

索引

点双列相関係数	78

●と
特異項目機能	77
度数分布表	15

●な
内的整合性	5, 10, 33, 57, 71, 73, 111
内容的妥当性	5, 10, 11, 52-54, 56, 74, 98, 124
仲間評定	10, 51, 54, 58, 64, 92, 100, 103, 104, 123

●に
2件法	67, 76, 108
Gnuplot	85, 135, 137, 138

●の
ノミネート法	107, 111, 112

●は
バーナム効果	62
バーンロイタ性格検査	6, 9, 55
バウムテスト	47
反応歪曲	8, 68-71

●ひ
BDI-Ⅱ（ベック抑うつ質問票）	9
非決定係数	25
ヒストグラム	16, 17
BigFive（主要5因子性格検査）	10, 51, 65-67, 70, 82, 94, 97, 99, 103, 105, 112, 139, 142
ビッグファイブ（Big Five）	10, 48, 65, 82, 99, 100, 104-106
ビネーシモン検査	3
標準化	4, 11, 20, 21, 32, 41, 42, 45, 59, 88, 92-94, 96, 102
標準回帰係数	32, 107
標準誤差	44, 45
標準得点	12, 21, 79, 92, 94, 95, 97
標準偏差	8, 15, 17-21, 26, 41, 45, 59, 62, 73, 94, 96, 105, 123, 126
評定尺度法	67, 78
標本抽出法	92
表面的妥当性	58
比率尺度	12

●ふ
φ係数	47, 78
不登校	77
分散	1, 18, 22, 25, 34, 35, 71, 106

●へ
平均値	17, 20, 21, 34, 94
併存的妥当性	4, 10, 52, 54, 68, 92, 99, 103, 111, 113
偏回帰係数	32
偏相関係数	27
変動係数	18

●ほ
母集団	11, 18, 25, 71, 92, 93
母相関係数	23-25

●み
MINI	44, 66, 67, 70, 71, 94, 101-104
MINI-124	44, 67, 68, 70, 94, 102, 116

●む
無作為抽出	20, 68, 71, 92, 94, 102

●め
名目尺度	12, 17

●も
黙従傾向	69
問題攻撃性尺度	69, 77, 85, 86, 88, 106, 108, 110-113, 136

●ゆ
有意差検定	10, 74, 75, 97, 107
U-L指標	74, 75

●よ
予測的妥当性	4, 52, 54, 68, 92, 98, 100
予測標準誤差	59

●り
LittleBigFive（小学生用主要5因子性格検査）	23, 71, 79, 88-90, 95, 111-113, 115, 125, 127, 143
良識性	103-106, 108, 113, 115
臨床的妥当性	58

●る
累積度数 15, 96
●れ
レンジ 17
●ろ
ロールシャッハ・テスト 58, 62
ロジスティックモデル 83-85, 88, 110
ロジット標準点 96
論理的質問紙 9

●わ
Y-G（性格検査） 10, 63, 67, 82, 99, 100, 107, 111
歪度 18
和得点 41

〔著者紹介〕

村上　宣寛（むらかみ　よしひろ）
　　E-mail:completewalker@gmail.com
　　Home Page:http://completewalker.blogspot.com/
1976年　京都大学大学院修士課程修了
2015年　富山大学人間発達科学部教授 定年退職
現　在　認知心理学の研究，統計分析，性格測定に関するプログラム開発，評論
　　　　活動に従事
著　書　「『心理テスト』はウソでした。受けたみんなが馬鹿を見た」（単著）日経BP社，2005年
　　　　「IQってホントは何なんだ？知能をめぐる神話と真実」（単著）日経BP社，2007年
　　　　「改訂　臨床心理アセスメントハンドブック」（共著）北大路書房，2008年
　　　　「心理学で何がわかるか」（単著）筑摩書房，2009年
　　　　「性格のパワー　世界最先端の心理学研究でここまで解明された」（単著）日経BP社，
　　　　　2011年．
　　　　「あざむかれる知性」（単著）筑摩書房，2015年．
　　　　「MMPI-1/MINI/MINI-124ハンドブック」（共著）筑摩書房，2017年．
　　　　「主要5因子性格検査ハンドブック　改訂版」（共著）筑摩書房，2017年．

心 理 尺 度 の つ く り 方

| 2006年9月10日　初版第1刷発行 | ＊定価はカバーに表示してあります。 |
| 2025年6月20日　初版第9刷発行 | |

著　者　　村 上 宣 寛
発 行 所　　㈱ 北 大 路 書 房
〒603-8303　京都市北区紫野十二坊町12-8
　　　　　　電　話　（075）431-0361㈹
　　　　　　Ｆ Ａ Ｘ　（075）431-9393
　　　　　　振　替　01050-4-2083

ⓒ2006　　　制作／見聞社　印刷・製本／亜細亜印刷㈱
検印省略　乱丁・落丁はお取り替えいたします。
ISBN978-4-7628-2523-1　Printed in Japan

・ JCOPY 〈㈳出版者著作権管理機構 委託出版物〉
本書の無断複写は著作権法上での例外を除き禁じられています。
複写される場合は，そのつど事前に，㈳出版者著作権管理機構
（電話 03-5244-5088, FAX 03-5244-5089, e-mail: info@jcopy.or.jp）
の許諾を得てください。